DEVOIR & PATRIE

LECTURES MILITAIRES

ET

PATRIOTIQUES

A L'USAGE DES ÉLÈVES

DU COURS SUPÉRIEUR DE L'ENSEIGNEMENT PRIMAIRE

ET DES ÉCOLES RÉGIMENTAIRES

PAR

ADOLPHE ADAM

Professeur agrégé d'histoire, Proviseur du Lycée de Chambéry

TROISIÈME ÉDITION

PARIS

LIBRAIRIE HACHETTE ET Cie

79, BOULEVARD SAINT-GERMAIN, 79

LECTURES MILITAIRES

ET

PATRIOTIQUES

Imprimeries réunies, **A**, rue Mignon, 2, Paris

DEVOIR & PATRIE

LECTURES MILITAIRES

ET

PATRIOTIQUES

À L'USAGE DES ÉLÈVES

DU COURS SUPÉRIEUR DE L'ENSEIGNEMENT PRIMAIRE

ET DES ÉCOLES RÉGIMENTAIRES

PAR

ADOLPHE ADAM

Professeur agrégé d'histoire, Proviseur du Lycée de Chambéry

TROISIÈME ÉDITION

PARIS

LIBRAIRIE HACHETTE ET C⁰

BOULEVARD SAINT-GERMAIN,

1883

Droits de propriété et de traduction réservés

AVANT-PROPOS

L'homme n'est rien sans la famille, où il trouve en tout temps les bonnes inspirations, le dévouement et l'amour ; sans la commune, où il vit au milieu de ses amis et de ses soutiens naturels ; sans la patrie, qui lui donne la sécurité et la liberté.

La famille, la commune, la patrie ne sont rien à leur tour, si l'homme n'est pas assez honnête et assez laborieux pour les faire prospérer, assez fort pour les défendre.

L'homme qui aime les siens, qui est bon citoyen et soldat vaillant, assure donc son propre bonheur. Confiant en la justice de Dieu, sans peur et sans reproche, il regarde tout le monde en face et compte sur l'avenir.

PRÉFACE

Nous adressons nos remercîments aux auteurs et aux éditeurs des morceaux qui composent ce recueil. Tous ont mis la meilleure grâce et la plus grande cordialité à autoriser nos emprunts.

Nous remercions tout particulièrement M. André Theuriet du concours amical qu'il nous a prêté.

Nous tenons aussi à honneur d'exprimer ici la reconnaissance spéciale que nous devons au vaillant colonel Joppé, commandant en second le Prytanée militaire : il a été pour nous non-seulement un critique sagace et bienveillant, mais un véritable collaborateur.

LECTURES MILITAIRES

PREMIÈRE SÉRIE

LA FAMILLE

L'INTÉRIEUR DE L'ARCHITECTE COUSIN

Il est six heures du soir et il pleut. Je lis tranquillement mon journal, quand ma porte s'ouvre : « Papa, dit une petite voix, le dîner est servi ! » Je descends.

Ma femme et mes quatre enfants sont là qui m'attendent, la figure de bonne humeur ; tous ont fait un brin de toilette. Les volets sont bien clos ; un grand feu flambe dans la cheminée ; la grosse lampe éclaire gaîment la nappe blanche et le service de faïence à fleurs bleues. Ma fille apporte à deux mains la soupière et la chambre s'emplit d'une bonne odeur de poule au pot. C'est aujourd'hui dimanche !

Ma femme s'assied en face de moi et me salue de son bon sourire ouvert : « A table, les enfants ! Ma fille aînée ici, à ma droite ; toi, à ma gauche, ma petite Marguerite! Mes deux fils, en face, aux côtés de leur mère! Chacun est-il à son poste? — Oui, papa! — Regardez-moi. Tout le monde a bonne mine! Et vous êtes tous contents? — Oui! — Eh! bien, mes amis, moi aussi. Dînons! Vive le dîner du dimanche!

Après une semaine sérieuse et occupée, quel bon moment! — La soirée est à nous. Plus d'autorité à exercer par le père; plus de silence respectueux à garder par les enfants; plus de règle sévèrement imposée! — Bavardez et riez à l'aise! Soyons heureux! Dieu veut qu'aujourd'hui l'homme se repose! — La vieille bouteille est débouchée : tendez vos verres! « A la santé de votre mère, mes enfants! »

Sont-ils gais! ont-ils bon appétit! L'un rit trop fort; l'autre cause trop haut, peu importe! — La nappe levée, la petite Marguerite, dont les yeux se ferment, vient tendre le bec à la ronde et monte avec sa grande sœur. La mère va donner un dernier coup d'œil et un dernier baiser. Puis toutes deux redescendent. On joue, on bavarde, on prend un petit verre de cette bonne eau de prunelles que maman fait tous les ans, et on rit de plus belle. — Enfin, dix heures sonnent à la petite pendule : « Oh! papa! la pendule avance! — Non! il est temps que les enfants se couchent. Bonsoir et au lit! »

On monte; mais un quart d'heure se perd encore à causer sur le palier; puis, dans les chambres fermées, le bourdonnement de voix continue avec les éclats de rire. Enfin, le silence se fait peu à peu. Onze heures sonnent. Je m'accoude sur mon oreiller; la pluie ruisselle sur les murs et chante doucement dans le conduit de la gouttière. De temps en temps, un pas lourd passe dans la rue. Autour de moi, plus de bruit. A ma droite, à ma gauche, on dort dans la paix et dans la sécurité. J'écoute le petit souffle de Marguerite, la respiration calme de ma femme, qui dort aussi, et, l'esprit tranquille, le cœur content, je tire à mon tour la couverture sur mon épaule et laisse venir doucement le sommeil.

Voilà nos soirées du dimanche. En été, on dîne fenêtres ouvertes, puis on va causer et jouer dans le petit jardin, sous les rayons amis de la lune.

En automne seulement, la maison se vide. Comme les hirondelles, nous partons en troupe pour passer une semaine dans la maison paternelle, chez mon frère aîné. Sœur, frère, beau-frère, belle-sœur, tous les enfants réunis, quelle maisonnée ! quelle tablée !

Quand la dernière assiette du dessert a été vidée, le jeune monde s'envole. Les vieux restent seuls et poussent en riant un gros soupir de soulagement.

On se regarde : « Eh! mais, comme tu as blanchi, ma petite sœur, depuis l'automne dernier! — T'imaginerais-tu, mon grand frère, que tu as rajeuni? Tu as pris plus de ventre que mon mari! » — Ma femme proteste avec vivacité, et l'on rit. Puis on cause des enfants : de Marthe, qui ressemble à sa grand'mère; de Lucien, qui est le portrait vivant du grand-père, avec son petit air fier et ses cheveux bouclés. Les noms des enfants se croisent avec ceux des parents morts il y a vingt ans. Peu à peu on devient songeur; tous les regards se portent sur la côte, en face des fenêtres, où l'on aperçoit quelques tombes blanches à travers les arbres. L'aîné emplit gravement les verres et nous les choquons en silence.

Le soir, on va faire un petit tour dans le village, puis

ou prend le chemin de sable rouge qui descend à la forêt par les prés. Des fenêtres, on nous sourit au passage ; des champs et des jardins, on nous interpelle amicalement. Les enfants entrent dans la maison du garde pour y boire du lait, et la forestière tient en main leur pièce blanche, quand survient le père Virion, le brigadier forestier. « Qu'est-ce que c'est que tout ce jeune monde ? — Ce sont les petits-enfants du capitaine Cousin ! — Ah ! ah ! Eh bien, femme, rends cet argent ! Votre grand-père était mon ami, mes enfants. Je suis enchanté de vous voir tous ensemble chez moi. Quel fier soldat et quel digne homme ! Si l'on vous demande votre nom dans le pays, vous pouvez le dire tout haut, je vous en réponds ! »

Ces joies de la famille rafraîchissent le cœur et le font reverdir.

Au bout de huit jours, quand toute la bande est rentrée au logis, avec quel entrain chacun reprend la vie ordinaire !

Cinq heures du matin ! Je saute du lit et allume la lampe, que peut-être les passants verront encore briller à minuit. La rue est noire, mais quelques hommes vont déjà au travail. Je les aperçois vaguement qui passent dans l'obscurité. Ce n'est pas sans un mouvement de fierté virile que je me vois debout comme eux.

Bientôt mes fils viennent me rejoindre ; l'aîné, qui veut me succéder, dessine ou fait des mathématiques ; le second, qui se prépare à Saint-Cyr, se plonge dans la géographie ou dans l'histoire. On travaille si bien ensemble dans le silence du matin ! Puis la maison s'éveille, on se lève, on échange un bonjour affectueux, et tout le monde reprend sa tâche. A la vue de leur père courbé sur son travail, de leur mère qui circule activement dans la maison, les enfants rougiraient de rester oisifs.

On se réunit aux heures des repas. Puis les enfants courent, jardinent ou font de la gymnastique. Les garçons tirent une botte. Si le temps le permet, on fait une rapide promenade. L'été, on va se baigner dans la rivière. Moi, je suis déjà revenu à mes devis.

A ce régime, j'ai parfois, je l'avoue, la tête fatiguée. Autrefois j'étendais volontiers mes jambes ou faisais un tour de jardin. Aujourd'hui le travail m'entraîne; quand la volonté est tendue et l'esprit allumé, on se sent vivre, on a la conscience de sa force. C'est une jouissance à laquelle on ne s'arrache pas facilement.

Quel plaisir aussi, à la fin de chaque trimestre, d'ajouter à mon épargne quelques beaux écus, une pièce utile à mon mobilier, de mettre un lot de linge dans l'armoire ou un fût de vin dans ma cave! Mais quel plaisir mille fois plus profond encore de voir, sous mon autorité paternelle, ma famille en sécurité, ma femme heureuse et respectée, mes enfants, les joues fraîches, le regard intelligent et franc, l'air résolu!

Bénies soient mes fatigues! Elles me permettent de leur donner cette éducation forte qui les accoutume au respect des lois, à l'amour de la Patrie, à la foi en Dieu! — Mes fils seront des chrétiens, des citoyens et des soldats, je puis déjà l'affirmer. Ils obéiront aux magistrats et à leurs chefs comme ils m'obéissent; ils s'oublieront pour leur pays comme ils apprennent à s'oublier pour ne songer qu'à leur devoir filial et fraternel. Accoutumés à l'empire sur eux-mêmes et aux mâles pensées, ils sauront vaincre leur égoisme naturel pour conformer leur volonté à la volonté de Dieu.

Oui, bénies soient mes fatigues à ce prix! D'ailleurs

les miens n'ont-ils pas fait pour moi autant, au moins, que je fais pour eux? Ne leur dois-je pas cette vie que je leur ai consacrée?

— Mon voisin le président venait de mourir, malgré le médecin de Paris appelé à grands frais pour le traiter. Le lendemain, je fus pris du même mal et le docteur de notre petite ville me jugea perdu. J'ai encore bon pied, bon œil, Dieu merci! Il est vrai que ma femme, durant les dix jours que je fus en danger, ne me quitta ni le jour ni la nuit. Nuit et jour, je la voyais attentive, souriante, renouvelant l'air, voilant la lumière, faisant régner le calme autour de moi. Rien qu'à poser sa main sur mon front, elle savait le rafraîchir; rien qu'à rappeler tout bas à mon oreille quelque doux souvenir de jeunesse, elle savait chasser de mon esprit les fantômes de la fièvre. Chère femme vaillante et dévouée! Elle n'était pas seule à veiller sur moi : lorsqu'elle fermait les yeux un instant, à peine sa tête s'était-elle inclinée que mon fils aîné ou ma fille prenait sa place sans bruit. De temps en temps aussi je distinguais un murmure venant du rez-de-chaussée; c'étaient mes plus jeunes enfants qui élevaient pour moi leurs petites voix et tendaient leurs petites mains vers Dieu.

Aussi, lorsque le bon docteur me parle de la force de mon *principe vital*, je regarde mes enfants et ma femme et je pense à Dieu.

Dieu ne nous a jamais abandonnés; il ne nous abandonnera pas. Avec une ferme confiance dans sa justice, je ne lui demande, d'ailleurs, que de laisser notre vie suivre sa pente naturelle.

Je suis heureux du lot qu'il m'a fait ici-bas. S'il me reste une ambition, une seule, elle ne sort pas des limites qu'il a posées lui-même à ma vie. Cette ambition modeste, c'est de devenir propriétaire de la maison que j'habite depuis dix-huit ans. J'aime cette maison. — Une longue éraflure que je laisse subsister sur la façade, rappelle à mes fils le jour où les Prussiens tiraient à balle dans nos rues vides pour se venger d'avoir fui devant quelques enfants. Chaque allée du jardin, chaque chambre, chaque meuble parle à notre âme par le souvenir. S'il me fallait un jour regarder par-dessus la clôture du jardin, sans y entrer, et apercevoir à ces fenêtres des visages inconnus, j'éprouverais ce qu'éprouve un exilé en voyant de loin les clochers et les collines de la patrie. De même que chaque peuple a son sol national, chaque famille doit avoir, si humble qu'il puisse être, un foyer héréditaire.

J'économise donc plus que jamais, et quand mes économies me le permettront, j'achèterai cette maison, pour qu'elle reste à perpétuité la maison de famille de tous les miens. Un de mes enfants la recevra hors part, à condition d'y donner tous les ans l'hospitalité aux autres. En attendant nous y vieillirons dans le repos, ma femme et moi. Par ces allées de jardin, que nous avons tracées nous-mêmes, nous nous promènerons doucement ensemble, au soleil. Nous les peuplerons de nos souvenirs : nous y reverrons en jaquette blanche, en robe bleue, les jambes nues, ces chers petits, devenus, hélas ! l'un un laborieux architecte, l'autre un sérieux capitaine, les autres de vaillantes mères de famille. Quand la nuit nous ramènera dans la maison, si la lune, passant entre les grands ormes, nous envoie un long rayon caressant, nous n'aurons qu'à fermer les yeux pour les revoir tous les quatre, blottis contre nous près de la fenêtre et savourant avec nous la douceur intime du soir.

Mais nous ne serons pas souvent seuls ainsi, Dieu

merci ! Nos filles et nos brus ne demanderont pas mieux que d'envoyer les petits enfants chez leur grand'mère : nous n'en chômerons pas. La maison entendra encore et toujours cette chère musique des rires de l'enfance. Puis, à des dates réglées, tout le monde arrivera à la fois, vieux et jeunes. Je mettrai en perce un tonneau ; ma femme garnira chaque jour le pot au feu d'une de nos poules ; nous décrocherons tous nos jambons ; nous viderons le cellier à fruits et nous présiderons encore des tables bruyantes et joyeuses.

Cela se renouvellera ainsi tous les ans, tant qu'il plaira à Dieu, et cela continuera encore, quand bien des fois déjà les acacias du cimetière auront laissé tomber leurs fleurs sur nos deux tombes. Tout, dans cette maison, rappellera notre souvenir à nos enfants, et dans soixante ans encore ils s'y recueilleront gravement en pensant à nous. Chacun d'eux, en quittant le toit héréditaire, emportera plus profond et plus vif le sentiment de ce que la famille donne à l'homme de force, de sécurité et de dignité.

LE CLOCHER

LETTRE DU SERGENT-MAJOR MICHEL AUBRY
A ADOLPHE MAILLARD, ANCIEN VOLONTAIRE AU RÉGIMENT
EMPLOYÉ DES DOUANES, A PARIS

Tertre-Rouge, près La Flèche, 13 mai 1878.

Mon cher Maillard, quand j'ai demandé ma permission, vous m'avez prédit qu'à la dixième journée pas-

sée au Tertre-Rouge j'en aurais déjà par-dessus la
tête. Vous êtes mauvais prophète : Voici le douzième
jour bien entamé, et je me frotte les mains en pensant
qu'il me reste dix-huit jours encore.

Il fait un joli temps de printemps, mêlé de pluie et
de grand soleil. Tout pousse et tout fleurit. Je respire
l'odeur des pins, des genêts et des aubépines ; je flâne
par nos trèfles et nos seigles ; je fume une pipe par
les petits chemins du bois ; je cause, je donne un coup
de main au jardinier ou à l'étable, je panse notre vieux
cheval, le temps s'écoule fort doucement.

Comme vous me l'avez annoncé, mes doubles sar-
dines d'or ont eu ici un grand succès. Mon père est
très fier de moi, et ma mère n'a pas eu de cesse avant
de m'avoir conduit en tenue à la grand'messe de
Sainte-Colombe. Tous mes anciens camarades m'ac-
cablent d'honneurs et d'invitations. Je dîne à droite, je
soupe à gauche, je vais faire là-bas une partie de billard et ici une partie de boules. Si je me laissais entraîner, père et mère Aubry ne me reverraient pas de
sept heures du matin à minuit.

Je me plais trop à la maison pour me laisser entraîner ; n'en faites pas honneur pourtant à mes sentiments de famille ; autre chose encore me retient.
C'est ici le moment de vous faire ma grande confidence !

Je vous ai expliqué plus d'une fois, n'est-ce pas, la
situation de notre closerie, isolée sur la côte, à deux kilomètres et demi de la ville. Du côté des hautes terres,
des bois de pins au long et au large ; du côté de la
plaine, des closeries isolées comme la nôtre. La plus
rapprochée est celle de maître Jochet, un brave petit
homme, tranquille, économe, à moitié courbé à force
de travail, et dont la femme, maîtresse Jochet, passe

avec raison pour une ménagère de premier choix. La Pinsonnière, où ils vivent avec leur fille unique, Louisette, est leur propriété ; elle contient bien de seize à dix-sept journaux d'assez bonne terre.

Le soir de mon arrivée, j'entendis une jeune fille causer devant notre porte avec ma sœur Maria, et mon père me dit : « C'est Louisette Jochet. » Louisette avait treize ans à mon départ. Je me levai aussitôt et, dès la porte, je riais déjà en criant : « Hé ! bonsoir donc, ma petite Louisette ! » mais je restai interloqué en voyant, dans le champ en face de la maison, une belle fille brune et fraîche, aux dents blanches, aux grands yeux noirs, riants et très-doux. Tournant le dos au soleil, d'une main elle retenait son tablier plein de trèfle, de l'autre elle appuyait sa faucille sur sa hanche. Nous échangeâmes quelques mots et, en rentrant, je ne pus m'empêcher de dire : « Quelle belle fille ! et comme elle a l'air bonne personne ! »

Mon père se mit à rire et dit : « Ah ! ah ! mon gars elle te plaît. Eh bien ! tâche de lui plaire aussi. Elle ferait ton affaire et toi la sienne, sans trop nous vanter ! »

Le soir même, nous allâmes avec ma mère et Maria faire une petite visite chez les Jochet. Depuis, j'ai vu continuellement Louisette, puisque les deux biens se touchent et qu'on est dehors du matin au soir. Dès le second jour, elle et moi, nous nous aimions et, grâce à Maria, nous le savions tous les deux dès le troisième. Enfin, jeudi soir, Louisette étant venue chez nous sur le tard, après le coucher des vieux, et Maria ayant encore à donner l'herbe à ses vaches, nous avons pu causer seuls. Au bout d'un quart d'heure déjà nous nous étions promis de nous aimer toujours et de nous marier ensemble.

Quelle belle soirée! ma sœur, qui venait nous rejoindre, nous voyant les mains dans les mains, nous embrassa de tout son cœur en pleurant, et Louisette se mit à pleurer aussi.

Que pensez-vous de tout cela, mon cher Maillard? Inutile de vous le demander. Vous me traitez d'imbécile. « Pauvre garçon! dites-vous, le voilà encroûté à perpétuité! »

Que voulez-vous, mon cher? A chacun sa vocation! Vous êtes bien bon de vouloir, en souvenir de l'amitié que je vous ai témoignée l'année de votre volontariat, me faire entrer avec vous dans les bureaux de la douane; je suis sûr qu'avec la protection de M. votre oncle j'y ferais mon chemin. Mais, vrai, je n'ai pas ce qu'il faut pour être un employé. Excellent sergent-major, comme vous voulez bien le dire; bon garçon, encore, j'y consens, — mais rien de plus. — Paysan je suis né, paysan je mourrai.

Malheureusement, je ne le redeviendrai pas aussi vite que je voudrais. C'est le père Jochet qui prononce, et il est intraitable : « Je ne dis pas non, répète-t-il, le gars Aubry est un brave garçon, un bon travailleur, il aura du bien. Je ne dis pas non. Ce sera l'homme qu'il nous faut. Mais c'est trop jeune tous les deux! beaucoup trop jeune! » Il n'en démord pas.— Mon père est de son avis. Ma mère et maîtresse Jochet, qui ont attendu plus longtemps, à l'époque des sept ans de service, ne nous trouvent pas à plaindre d'attendre à notre tour, et lorsque le bonhomme dit : « Quand Louisette aura vingt-trois ou vingt-quatre ans, il sera temps d'en parler », tout le monde approuve, hors Louisette et moi, bien entendu.

J'ai vu qu'il fallait en prendre mon parti, et je l'ai pris. Rester ici et voir Louisette tous les jours ne vaudrait rien. Voici à quoi je m'arrête : je me rengagerai pour cinq ans! J'aime le métier, j'aime le régiment, où je sais qu'on tient à moi. Dans six ans donc je reviendrai au Tertre-Rouge pour toujours. Avec le capital et les intérêts de ma prime et les économies du père Aubry, nous établirons ma sœur. Le père Jochet et le père Aubry auront besoin de repos ; j'épouserai Louisette, et nous exploiterons comme métayers les deux closeries réunies en un joli bien de trente-cinq ou trente-six journaux [1].

Que puis-je désirer de mieux? J'aime ce pays : souvent le matin, assis devant la porte, je regarde les châtaigniers sur la pente de la côte, les seigles en épis, les ajoncs et les genêts tout jaunes de fleurs, puis la vallée où le Loir coule tranquille, la ville avec ses quatre clochers, son Prytanée, ses massifs d'arbres, enfin, au fond, en face de moi, la ligne des collines, avec leurs jolis châteaux de Gallerande, d'Oiré, de l'Arthuisière, tout cela si gai sous le soleil! Je me rappelle alors combien de fois, à la caserne, au Mans, à Chartres, à Paris, j'ai passé des soirées entières à revoir en esprit toutes ces choses : « Si je m'y retrouvais pendant une heure seulement! » me disais-je désolé. — Maintenant, je jette un coup d'œil satisfait vers la Pinsonnière, et je dis: « J'y suis, j'y reviendrai, j'y resterai jusqu'à la fin de mes jours! »

A quoi donc me servirait, sans cela, de connaître cette terre comme je la connais, de savoir, comme je le sais, quel parti on y peut tirer de toutes choses : du soleil et de la pluie, du froid et du chaud, des amendements, des engrais, des irrigations? D'avoir tant réfléchi sur la manière d'y entretenir le bétail

---

1. Le journal de terre vaut à La Flèche 44 ares.

en bon état, d'y nourrir les chèvres, d'y engraisser les porcs et les volailles, d'y faire prospérer les abeilles? A quoi me servirait tout ce que mon père a appris ici en vingt-huit ans de culture? Et la bonne réputation des Aubry, l'estime qu'on a partout pour nous, le crédit que nous valent les habitudes d'ordre de mon père? N'est-ce donc rien que tout cela aux yeux d'un homme de bon sens?

Voyons, mon cher ami, pensez-vous vraiment qu'une place à la ville et une demoiselle pour femme soient des conditions de bonheur? Au prix où sont les denrées, l'employé est un pauvre diable. En revanche, le petit propriétaire qui cultive lui-même gagne beaucoup aujourd'hui. Je l'ai vu partout, je le vois ici. Ne vous figurez pas que le paysan soit obligé de croupir indéfiniment dans la malpropreté, l'ignorance et la bêtise. Tout cela commence à changer; nous aurons, je vous le promets, des chambres propres et bien éclairées, des meubles suffisants, des aliments convenablement préparés et de bons vêtements à la mode du pays. Ma femme ne sera pas une bête ; elle est allée en classe à La Flèche avec ma sœur Maria, chez de très-bonnes maîtresses ; elle y a appris à calculer et à tenir ses comptes, à mettre un peu d'orthographe, à lire, et surtout à comprendre ce qu'elle lit; c'est bien assez pour nous! Les livres ne manquent pas, le *Petit Journal* vient déjà nous chercher à la closerie même; rien ne nous empêchera, les soirs d'hiver, de faire la lecture en famille.

Vos idées sur la vie des campagnards sont un peu vieilles, mon cher ami, permettez-moi de vous le dire. Les mauvais jours du paysan sont passés. Il est le premier à le sentir et sait fort bien remettre poliment à leur place les sots qui tranchent avec lui du *mon-*

sieur. Il comprend qu'il n'a plus rien à craindre de personne, et s'il témoigne du respect à l'homme riche et solidement établi, c'est à la condition que celui-ci sache lui-même respecter son indépendance.

Pour moi, je tiens qu'il n'y a pas aujourd'hui d'existence plus honorable, plus sûre et plus libre que celle du petit propriétaire campagnard.

Voilà bien des raisons de revenir à mon nid. Quand même elles n'existeraient pas, quand je serais un journalier, locataire d'une cassine du faubourg, j'aurais encore de la peine à quitter ma commune natale.

Tout le monde me comprendra. S'il m'arrive, en garnison, de rencontrer un Fléchois, nous voilà contents; nous passons une heure à parler de la ville et des environs. Puis on se donne rendez-vous, on court Paris ensemble, mais pour y causer de La Flèche; on demande des nouvelles, on en donne; on est heureux d'apprendre que des gens avec qui on n'a jamais échangé un mot vont toujours bien et font leurs affaires, et si l'on vous annonce la mort du gros commandant Pierron, qu'on a vu deux ou trois fois dans la rue, on s'écrie : « Le pauvre homme ! » avec un véritable chagrin.

Ce que je sens d'affection pour La Flèche et les Fléchois, quand je suis à Paris, se retrouve naturellement en moi quand je suis au milieu de mes compatriotes.

Le surlendemain de mon arrivée, je suis allé avec ma mère à la grand'messe. Rien qu'en entrant à l'église, je me suis senti ému. M. le curé chantait comme le jour où j'y suis venu pour la première fois, il y a vingt ans, suspendu aux jupes de ma mère. Je voyais les mêmes figures aux mêmes places; c'était la même odeur d'encens, les mêmes cierges dans le chœur, les mêmes vitraux que j'ai tant regardés. J'étais tout heureux; je me sentais chez moi.

Le lendemain, j'allai présenter mes hommages à mon ancien instituteur, M. Gallien, directeur de l'école communale. M. Gallien m'aperçut dans la cour et vint au-devant de moi. Je l'embrassai de tout mon cœur et nous causâmes : « Mon brave Aubry, disait M. Gallien, que je suis content de te revoir!... » et des questions sans fin sur le régiment, sur la vie de soldat, sur mes projets d'avenir. Tout en répondant, mes yeux furetaient de tous côtés avec plaisir : « Comment! M. Gallien, encore les *Mémoires de Benjamin Franklin* sur votre cheminée! Vous n'aurez donc jamais fini de les lire? — Ma foi, non, mon garçon! Et, tiens, voici encore, comme dans ton jeune temps, ton cher *Paris en Amérique*, avec la *Légende des Siècles* et l'*Odyssée* d'Homère. — Vous avez Erckmann-Chatrian complet? — Oui, j'achète tous les volumes, à mesure qu'ils paraissent. C'est ma collection du *Tour du monde* qui s'est allongée!... Tu sais, mon garçon, tout cela est toujours à ton service comme autrefois!... A moins que tu n'aies perdu le goût de la lecture! — Oh! M. Gallien, pouvez-vous penser? — A la bonne heure! c'est que tu as été un de mes meilleurs élèves; ce serait dommage de te laisser rouiller! »

Bref, une foule de bonnes choses, qui font un égal plaisir à dire et à entendre!

En sortant de chez M. Gallien, je fis le tour de la ville pour serrer la main aux amis. Mariés ou garçons, presque tous sont contents de leur sort. C'était à qui m'inviterait pour m'emmener à sa société. On appelle de ce nom, à La Flèche, des cercles de trente ou quarante marchands, petits employés, maîtres et ouvriers qui s'associent pour louer ensemble une maisonnette avec jardin, où ils établissent un jeu de boules et un billard. Je crois que, dans la commune seule, il y en a seize ou dix-sept. Chacun m'affirmait donc que je ne trouverais dans sa société que des gens enchantés de me revoir : « A ton retour du régiment, me disait-on, tu entreras chez nous ; je te présenterai ; c'est convenu ! »

On me donnait des nouvelles : « La compagnie des pompiers marche très-bien depuis qu'elle a son nouveau capitaine; mais le premier lieutenant, le digne serrurier Dupont, se fait un peu vieux ! Quand tu nous reviendras, Aubry, c'est toi qui prendras son épaulette ! » — « La société de secours mutuels prospère toujours. Depuis la mort de Lelièvre nous avons élu président Vernois, le charron. Mais qui est-ce qui pourrait faire oublier Lelièvre ? En voilà un homme qui nous a rendu des services dans ses quinze ans de présidence ! Et un simple ouvrier tanneur ! » — Ma place est naturellement marquée dans la société de secours mutuels comme parmi les pompiers. — « La musique municipale continue d'aller bon train et ne compte plus ses médailles. » — Mais la grande nouvelle, c'est la fondation par Raveneau, l'ouvrier marbrier, d'un orphéon qui fait honneur à la ville et se prépare à affronter, à Paris, le grand concours des orphéons ! Le secrétaire de l'orphéon n'a pas manqué de découvrir chez moi une voix de baryton dont on tirera grand parti.

Je ne prétends pas vous faire envier à vous, Parisien, nos sociétés, nos pompiers, notre musique, notre orphéon. Je vous l'avoue pourtant, j'en suis fier. Tout cela prouve, chez les gens de ma commune, du bon sens, de la gaieté, de l'union, et du dévouement au bien public.

Nous profitons tous et nos enfants profiteront de ces

fondations. Les ouvriers qui établissent eux-mêmes et administrent ces petites corporations donnent un bon exemple et contribuent à rendre la ville plus agréable. — Quand je vois tous ces braves garçons, aussitôt que j'arrive, se serrer pour me faire place dans leurs rangs, uniquement parce que je suis de la commune et que, ma famille et moi, nous nous y sommes toujours comportés comme nous le devions, j'en suis touché et reconnaissant.

Oui, vraiment, des étangs de Mélinais au moulin de la Voie, sur une longueur de près de trois lieues, grands et petits, riches et pauvres, tout le monde se connaît et chacun estime son voisin selon ses mérites; nous formons tous comme une grande famille.

J'avais cette idée dans la tête au moment où j'arrivai à l'hôtel-de-ville : pour la première fois de ma vie je m'avisai de le regarder avec intérêt et respect. C'est le cœur de la commune. — Je me rappelais les maires que j'ai vus successivement à la tête de la ville, tous gens considérables et dont personne n'a jamais pu dire de mal, prudents, dévoués à la chose publique, toujours prêts à puiser dans leur propre bourse pour soulager les infortunes. — Je regardais ces rues propres, pavées à neuf, bordées de trottoirs et de becs de gaz, ces boulevards plantés de beaux vieux arbres et garnis de bancs commodes; je songeais à la bonne police, aux secours donnés aux pauvres, à l'hospice où on les soigne, à la crèche, à la salle d'asile, aux écoles gratuites, à ces bons chemins par lesquels j'allais remonter chez moi, à tous ces édifices publics construits à neuf ou réparés, à la caserne, aux églises, aux presbytères, à ces fontaines dans tous les quartiers, et, pensant que tous les soucis de cette administration pèsent sur deux ou trois hommes qui les acceptent par dévouement pour la commune, sans aucun dédommagement, je me sentis pour eux le cœur plein de respect.

Quand j'arrivai sur le quai, l'horloge du clocher sonna sept heures. J'étais si bien enfoncé dans ces pensées que je crus entendre la voix de la ville elle-même avertissant ses enfants du temps qui s'écoule.

Je remontai vite vers le Tertre-Rouge. En arrivant aux pins, je me retournai vers la vallée. Sous le soleil couchant, qui éclairait en plein les coteaux, en face, je distinguai nettement un point que je n'avais pas songé à chercher depuis mon retour. C'est la terrasse d'où, le 24 janvier 1871, les Allemands ont tiré à obus sur la ville sans défense. — Ces jours terribles me revinrent en mémoire : la soirée glaciale du 10 janvier, la neige partout ; au loin, vers le nord-est, le grondement sourd du canon de Chanzy, livrant à l'étranger, au cœur de la France, la bataille du Mans ; puis les colonnes noires des Allemands, descendant là-bas, par la route de Clermont ; la commune forcée de se racheter du pillage par une contribution énorme, les houlans courant cinq par cinq dans la vallée, vidant les granges et faisant des réquisitions de vivres, et aussi parfois les coups de fusil isolés qu'on entendait là-haut dans la lande, et les houlans fuyant à bride abattue, suivis d'un de leurs chevaux sans cavalier.

Depuis ce jour, mon cher Maillard, j'ai bien des fois ruminé toutes ces choses, et mes réflexions n'ont fait qu'affermir mes résolutions. Merci donc encore une fois de l'intérêt que vous me portez : je n'en profiterai pas. Je reviendrai finir en face de ces collines et de ces souvenirs mes années de réserve et d'armée territoriale. J'y vivrai avec ma femme sur le bien de nos familles, soignant les vieux parents, rendant de mon mieux à la commune ce que je lui dois, et préparant mes fils à devenir à leur tour de bons citoyens et de bons soldats.

LA PATRIE

LE CAPITAINE ANDRÉ HILT

I

Il y aura dimanche huit jours, me dit M. Allory, l'aubergiste du *Cheval blanc*, à Bazouges-sur-Loir, la voiture d'Angers s'arrêta devant ma porte à cinq heures, comme d'habitude. Il en descendit un monsieur assez jeune, petit de taille, solide, brun, la figure brûlée du soleil, l'air résolu, qui vint poliment me demander une chambre. A voir sa tenue soignée, sa façon de porter la tête haute, ses yeux fiers et perçants, sa grosse moustache sous un grand nez recourbé, je le reconnus pour un officier. Il avait le bras droit raide et collé au corps et boitait légèrement.

Je le conduisis là-haut, dans notre belle chambre bleue. Au bout d'un quart d'heure, après avoir vidé deux ou trois fois sa cuvette par la fenêtre, sur le pavé, il descendit dans la salle et, s'arrêtant près de cette porte qui ouvre sur la cuisine : « Mademoiselle, » dit-il. Victorine montra aussitôt ses cheveux frisés et son nez retroussé. Il lui fit quelques recommandations pour sa chambre, et, à la fin, lui donna une tape amicale sur la joue, en disant gaiement : « Quel joli **brin de fille!** » Puis, laissant Victorine rougir et rire d'aise, il lui tourna le dos et vint au comptoir où était ma femme.

« A quelle heure dînons-nous, madame? dit-il, son chapeau à la main. — Quand monsieur le désirera : on servira monsieur dans sa chambre. — Dans ma chambre? Ma foi, non! Faites-moi le plaisir de mettre mon couvert avec le vôtre! — Oh! monsieur, dit Adélaïde embarrassée,... des personnes de la campagne comme nous,... notre dîner... — Allons! allons! c'est convenu, dit-il. J'ai senti là, en passant, une odeur de pot-au-feu qui ferait revenir un mort. Quand vous n'auriez à me donner que la soupe, le bœuf, un croûton de pain de ménage et le vin du crû, je dînerais déjà fort bien. Et nous aurons mieux que cela, je le vois à votre mine, fit-il en riant; ou je me trompe fort, ou vous êtes une fine cuisinière! »

Son regard paraissait si franc, il parlait d'un ton si ferme, que ma femme céda et alla voir à la cuisine quand le dîner serait prêt. Pendant ce temps, le voyageur fit le tour de la salle, examinant les gravures encadrées. Les consommateurs le suivaient des yeux. Lui, souriait à demi et fredonnait entre ses dents tout en lisant les noms de l'Alma, d'Inkermann, de Magenta, de Solférino. « Il n'y manque plus que Sedan! » dit tout à coup, d'une grosse voix, un grand mons'eur brun qui buvait du vin blanc. Le voyageur se retourna brusquement, puis revint au comptoir en silence, les sourcils froncés. Au même moment, ma femme revint de la cuisine : « Puisque monsieur le veut absolument, dit-elle, nous pourrons dîner à sept heures. — A sept heures, donc! » dit le voyageur. Il allait sortir, lorsqu'il se trouva nez à nez sur la porte avec la mère Bougel, notre laveuse d'assiettes. La bonne femme recula, mais il fit un pas en arrière et dit avec bonté : « Entrez ! entrez ! ma bonne dame. »

A peine était-il sorti que M. Meunier, un de mes habitués, dit tout haut : « Qu'est-ce que c'est que ce particulier-là, Allory ? — Je pense, monsieur Meunier, que c'est un officier. »

— Oui, peut-être bien, dit-il, mais pas un officier français. Qu'est-ce qu'il viendrait faire à Bazouges ; c'est plutôt quelque Prussien en tournée : il a l'accent allemand. »

C'était vrai ! Le voyageur avait bien un peu l'accent des officiers prussiens, quand ils parlaient français. — Mais, en entendant M. Meunier, le gros monsieur brun, qui avait parlé de Sedan, poussa un éclat de rire. « Allons, allons ! dit-il, si celui-là est un Prussien, j'irai le dire au Pape ! un homme de cette figure, qui rit de bonne humeur, appelle la servante : « Mademoiselle, » parle le chapeau à la main à une aubergiste de village, un homme qui préfère dîner avec ses hôtes plutôt que de dîner seul, et recule pour laisser passer une pauvre vieille, vous pouvez compter que ce n'est pas un Prussien, je vous en donne mon billet. — Celui-ci est un Français, un vrai et bon Français, que réjouit la vue d'une jolie fille, qui respire à plein nez l'odeur du pot au feu national et ne demande, pour bien dîner, que la soupe, du pain de froment et du vin ! — Et puis, vous n'avez donc pas vu comme il a changé de figure, lorsque j'ai parlé de Sedan ? Cela m'a fait de la peine, car, du diable, s'il n'a pas l'air d'un bon enfant, ce garçon-là, malgré sa mine de zouave. »

Là-dessus, le gros monsieur vida sa bouteille de

vin blanc, prit sur la table un filet à papillons, qu'il y
avait déposé, et partit, en disant à demi-voix, d'un air
mécontent : « J'ai parlé sans réflexion ; ma foi, je le
regrette ! »

II

Le voyageur revint à sept heures, après avoir visité
en détail notre église, qui est, dit-on, curieuse. (J'a-
vais déjà lu sur sa valise qu'il se nommait André Hilt.)
Le couvert était mis, là, derrière, dans la chambre où
nous couchons. M. Hilt jeta son par-dessus sur le lit,
et je vis, à la boutonnière de sa jaquette, une petite
rosette de la Légion d'honneur. Cela me fit plaisir et
augmenta mon respect pour lui.

Nous n'avions pas fini de manger la soupe, que je
me sentais déjà disposé à lui conter mes affaires les
plus secrètes, comme à un vieil ami. A première vue,
il inspirait confiance. Sa figure était très-bonne, très-
gaie et très-ferme. Il écoutait avec intérêt et paraissait toujours réfléchir. — Et quel appétit ! Comme il
savait vous goûter et vous juger un bon verre de vin !
Il riait de bon cœur des petites histoires que je lui
contais, et, quand ma femme venait s'asseoir un
moment, après avoir servi la fricassée de poulet, le
rôti de veau ou le jambon, il ne manquait pas de lui
adresser un mot aimable ou un compliment sur sa
cuisine.

Il m'interrogeait en même temps sur le pays et
répondait rondement, en peu de mots, à mes questions sur le sien. J'appris ainsi qu'il était Lorrain,
né à Rohrbach, près de Sarreguemines, à près de

deux cents lieues d'ici, dans un pays où l'on parle allemand, mais où tout le monde est Français jusqu'à la moëlle des os. Il me parlait lui-même de l'Anjou, comme s'il y avait demeuré, connaissait la valeur des terres, des prés, des vignes, leur rendement, le prix des denrées et des bestiaux, celui de la main-d'œuvre. Comme je m'en étonnais, il m'expliqua que la France est, pour ainsi dire, une seule maison, habitée par une seule famille. « Qui en connaît deux ou trois départements, disait-il, la connaît tout entière. Partout on a les mêmes lois, les mêmes usages ; on obéit aux mêmes autorités, maires, juges de paix, préfets. Partout on a en poche le même argent, on se sert des mêmes poids, des mêmes mesures. Partout le même facteur vous remet les lettres marquées du même timbre ; partout vous voyagez dans les mêmes wagons ; toutes les stations sont les mêmes ; à chaque station, mêmes employés, mêmes barrières, mêmes curieux et même gendarme. — Bourrez votre pipe à Cherbourg ou à Toulon, vous la bourrez toujours du même tabac ! »

Comme la soirée s'avançait, on se mit à danser dans le voisinage. Nous entendions les violons par la fenêtre ouverte. « Tenez, madame, dit M. Hilt, étendant la main, le doigt levé, vers la fenêtre, entendez-vous cela ? C'est le quadrille Chevaleresque. Je dansais sur cet air, il y a quinze ans, dans mon pauvre Sarreguemines ! »

Nous nous taisions pour écouter, mais le tintement de l'*angelus* couvrit le bruit des violons : « Et l'*angelus !* dit M. Hilt. En ce moment, de Dunkerque à Perpignan, dans chacun des trente-six mille clochers de France, une cloche tinte trois fois comme celle-ci, puis lance sa volée aux étoiles. »

Il continua lentement, à mi-voix : « Ces trente ou quarante mille cloches dont le son monte à la fois du pays tout entier, c'est la prière de tout un peuple ! »

Nous le regardions tous deux, ma femme et moi, ne sachant que répondre et que penser. Il s'en aperçut et se mit à rire. « Oh! dit-il, rassurez-vous, je ne suis pas un dévot ! »

Il réfléchit une demi-minute : « Non, dit-il, nous ne sommes pas dévots en France. Par ce côté-là encore, nous nous ressemblons tous. Pourtant, vous, madame, vous allez à la messe tous les dimanches, n'est-ce pas? et vous, maître Allory, les jours de fête?... — Oh! oui, dit ma femme, c'est un vilain homme ! j'ai beau le prêcher !...

— Vous y perdez votre latin, dit en riant M. Hilt; rassurez-vous, vous ne le perdrez pas toujours. Le Français est souvent en froid avec la religion, mais la brouille est bien rarement complète. On prie chez nous moins régulièrement qu'ailleurs, plus sincèrement peut-être. Nous faisons tous baptiser notre enfant qui vient de naître. Nous assistons avec une émotion religieuse à sa première communion. Nous voulons que le prêtre bénisse son mariage ; au cimetière, sur une tombe ouverte, nous ne pouvons nous passer d'entendre une promesse d'immortalité. Notre sentiment le plus intime réclame cette consolation et cette espérance.

» Quelles que soient les idées de chacun de nous, nous comprenons bien qu'il nous faut un culte public, et nous avons le bon sens, à défaut de conviction, de n'en pas vouloir d'autre que le culte de nos pères. C'est lui qui nous a bénis à notre naissance. Pourquoi, lorsque nous allons dormir dans la terre de la patrie, ne nous saluerait-il pas de ses prières? »

III

En ce moment, Victorine apporta les chandelles allumées et ma femme servit le dessert. Le remue-ménage, qui dura deux ou trois minutes, nous remit en gaieté.

« Mais, dis-je à M. Hilt, il y a en France beaucoup de protestants et de juifs?

— Beaucoup, non, dit-il, mais peu ou beaucoup, qu'importe! Grâce à l'armée et à Paris, nous vivons tous fraternellement, après nous être battus pendant des siècles. Aujourd'hui, s'il faut prier et combattre pour la patrie, nous partons tous ensemble du pied gauche; les uns tournent vers l'église, les autres vers le temple, les autres vers la synagogue : nous y invoquons du même cœur le Dieu des armées, puis, reprenant le fusil, nous serrons les rangs et nous marchons au feu. Il n'y a plus là de juifs, de protestants ni de catholiques, il n'y a plus que des soldats français!

» De même à Paris : tout le monde s'y touche les coudes. Un catholique est le mari d'une protestante et l'associé d'un juif, tous bons amis et braves gens. J'ai vu de mes yeux un mathématicien juif interroger de jeunes abbés catholiques dans une école ecclésiastique et, l'an dernier encore, on me faisait remarquer, dans un grand dîner, un archevêque entre un sénateur juif et un général de division protestant : tous trois causaient fort cordialement, ma foi, en vieux serviteurs de la France, qui s'estiment pour s'être vus mutuellement à l'œuvre.

» C'est là un des grands services que nous rendent

l'armée et Paris. Si la France est la France, c'est-à-dire un corps vivant dans tous les membres duquel circule le même sang, c'est à Paris et à l'armée qu'elle le doit. Paris est le grand organe d'où la chaleur et la vie se répandent et pénètrent partout: les trois quarts des Parisiens sont nés dans la province et la province est pleine de Parisiens. C'est un va-et-vient continuel, partant de Paris et y retournant, comme celui du sang dans les artères et les veines. Chacun de nous a été à Paris ou rêve d'y aller un jour, chacun de nous a dans Paris un parent ou un ami. Les idées, les sentiments, les modes de Paris, ses livres, ses journaux, ses gravures, ses modèles de toute espèce sont l'œuvre de la France entière. La France entière les reçoit et les adopte à son tour.

» Le mal, c'est qu'avec le sang Paris nous envoie trop souvent une fièvre qui, plus d'une fois déjà, a failli tuer la France. C'est l'armée qui, dans ce cas, nous a rendu la santé [1], et, s'il le fallait, nous la rendrait encore. C'est l'armée qui maintient le calme, fait respecter l'autorité des lois et arrête l'ennemi sur la frontière. Comme Paris, elle est un des grands organes de la vie nationale. C'est elle qui répand jusque dans les derniers hameaux le sentiment de l'honneur et l'amour de la patrie. L'armée nous prend à nos familles, presque enfants encore, et nous y renvoie mûris et transformés. Respect de la loi, obéissance au gouvernement, amour du devoir, courage, union, discipline, tout ce qui fait la force d'un pays est résumé dans ce seul mot : « l'esprit militaire ». Le conscrit aux joues roses revient du service avec la mine d'un soldat... Et parlez-nous franchement,

____

1. En juin 1848, en mai 1871, par exemple.

madame Allory, y a-t-il rien de plus beau qu'une vraie figure de soldat?

— Oh! certainement non! dit bonnement ma femme, les yeux fixés sur M. Hilt, qui riait.

Un autre mari se serait peut-être fâché; mais je pensais comme elle, je ne pouvais pas lui en vouloir; je me mis à rire aussi.

« Ah! mais... tu vas faire une déclaration à monsieur,... dis-je à Adélaïde, qui rougissait.

— Pas de danger avec moi, mon cher hôte, dit M. Hilt : un capitaine en retraite!... ça ne compte plus.

— Vous n'êtes pas en retraite!

— Pis que cela, mon cher Allory! Réformé pour cause d'infirmités depuis le 10 juillet 1871. Vous ne voyez donc pas ce bras et cette jambe? »

IV

« Vous avez encore vos parents? demanda ma femme.

— Un arrière-cousin et une grand'tante ! — En septembre 1870, au commencement de l'occupation prussienne, mon père et ma mère sont morts à quinze jours de distance, de chagrin et d'inquiétude. Deux mois après, le 20 novembre, mon frère aîné fut fusillé, comme franc-tireur, dans les Vosges. Moi, j'étais, depuis Sedan, dans une ambulance, à Mézières, le bras broyé, la jambe cassée, je ne sais combien de côtes enfoncées. Après trois mois passés entre la vie et la mort, sans nouvelles, j'appris, pour mon entrée en convalescence, que ma famille n'existait plus.

— Et plus moyen de rentrer au service? dis-je après un moment de silence.

— Non, à vingt-huit ans, capitaine-adjudant-major de chasseurs à pied, décoré depuis sept ans, j'ai dû demander ma retraite. Ce n'était pas gai! — Pourtant, estropié, seul au monde, obligé de quitter un métier que j'aimais passionnément, je puis bien dire que mon plus amer chagrin était de voir la Lorraine aux Prussiens et la France dans l'état que vous vous rappelez.

» Aussi, quand ma carcasse fut à peu près raccommodée et mon épée pendue au clou pour toujours, les médecins, qui me voyaient broyer du noir, m'ordonnèrent de voyager. Mon père m'en avait heureusement laissé le moyen.

» Je m'embarquai à Marseille pour faire le tour du monde. Mais plus je voyais de pays, plus je pensais à ma pauvre France! J'aurais donné tous les palmiers de l'Égypte et toutes les forêts de l'Inde pour un bois de hêtres ou un champ de pommes de terre.

» J'étais dans ces idées, lorsqu'un jour, dans la grande mer, au-delà du Japon, à quatre mille lieues d'ici, le navire tournant la pointe d'une petite île, je lus tout à coup ces mots, gravés sur un rocher en lettres hautes d'un pied : « Salut à vous tous, Français, mes frères ! »

» Mon cœur se mit à battre et je rendis du fond de l'âme son salut à ce pauvre diable. — Appuyé au bastingage, les yeux fermés, je revis la France, son ciel, ses nuages, ses cathédrales, ses villes et son peuple tout entier, paysans, bourgeois, nobles, prêtres, soldats : à la fin, tout haut, comme un imbécile, je répétai : « Salut à vous tous, Français, mes frères ! » Et, ma foi, séance tenante, je pris le parti de rentrer en France, de vivre dans mon pays et pour mon pays. Quatre mois après, j'abordai à Brest.

» La première nuit que j'y dormis, je rêvai que je revenais en vacances dans la maison paternelle. La maison était immense, j'y avais des frères et des sœurs par millions. Vers deux heures dans la nuit, je fus réveillé par le bruit de la pluie et le grondement du vent de mer ; mais je m'étendis avec délices dans mon lit en me disant : « C'est le vent de France! je suis en France ! » Je crois qu'une abeille n'est pas plus heureuse de rentrer dans sa ruche, après une nuit passée à la pluie. »

V

On vint prévenir ma femme que le café était prêt. Je tirai de la petite armoire des amis une bouteille de ma fameuse eau-de-vie de pêches de 1870 et une autre de mon vieux cognac, et nous vînmes prendre le café, ici, à cette table du coin, où l'on est tranquille. Il y avait dans la salle une dizaine d'habitués qui faisaient leur partie.

« Où demeurez-vous maintenant, mon capitaine? dis-je, une fois que nous fûmes installés.

— Comme la plupart des Alsaciens-Lorrains, à Paris. Les enfants malades se serrent sur le cœur de leur mère, nous nous réunissons sur le cœur de la France. »

M. Meunier, celui qui avait pris le capitaine pour un Prussien était revenu, et faisait un cent de piquet. Vous connaissez un peu le personnage, je crois, avec ses longs favoris noirs, sa moustache cirée, sa peau bourgeonnée et luisante et son nez rouge ! C'est le fils d'un ancien valet de chambre : il déteste autant les Parisiens, je crois, qu'il aime la pêche à la ligne, le piquet et le vin blanc. Comme il a bien dans le pays six mille francs de rente en bonnes petites fermes, sans compter le reste, il parle très-haut et ne se gêne avec personne.

Quand M. Hilt appela Paris le cœur de la France, M. Meunier haussa les épaules et, sans lever la tête, dit, tout en rangeant ses cartes : « Paris, le cœur de la France ! Eh ! eh ! eh ! joli cœur que nous aurions là ! » Puis il annonça son jeu, joua et reprit du même ton : « Ah ! oui, Paris le cœur de la France ! Eh bien ! que Paris nous mène donc, et nous irons loin ! »

Le capitaine se redressa pour le regarder, puis il se retourna vers moi.

« Ce n'est pas le cœur qui doit nous mener, dit-il en souriant, c'est la tête. Et la tête de la France, c'est le gouvernement !

— Ah ! oui, fit encore M. Meunier, avec un éclat de rire pointu et insolent, le gouvernement de la République ! »

Le capitaine se redressa de nouveau, mesura, pendant une longue minute, M. Meunier d'un regard froid et perçant, puis reprit sa pipe, but une gorgée de café, et, voyant que tout le monde avait les yeux sur lui, dit d'une voix lente et posée : « Je ne demande pas au gouvernement de mon pays le nom qu'il porte, royauté, empire ou république ; je lui demande d'être régulier et fondé sur la volonté de la nation. Quand les pouvoirs publics, électeurs ou assemblées, ont fait la loi et nommé le chef de l'État, quelque titre que porte ce chef, je le respecte et j'écoute sa voix, comme la voix même de la patrie. Les ministres, les généraux,

les préfets, les juges qu'il a nommés ne sont plus
pour moi de simples hommes, eux aussi sont, à mes
yeux, la France qui commande. Quand un gendarme
me parle au nom de la loi, moi qui suis officier de la
Légion d'honneur et qui ai quarante mille francs de
rente, je lève mon chapeau et j'obéis.

» Oui, celui qui se fait une habitude de dénigrer
le gouvernement, qui prêche le mépris des lois éta-
blies et réserve son respect pour celles qui seront con-
formes à ses goûts et à ses intérêts, celui-là trahit la
France et aide à ouvrir la porte aux armées étrangères! — Ne touchons pas plus à l'autorité publique
qu'à l'autorité paternelle! — Ces attaques passionnées
contre les institutions n'ont provoqué chez nous que
trop de catastrophes! »

Comme chacun disait: « C'est vrai! c'est juste! »
M. Meunier posa ses cartes, se leva et vint se placer
devant le capitaine, les bras croisés.

« Mais, voyons! monsieur, dit-il, voyons! Soyez de
bon compte! Vous parlez d'armées étrangères! Ne
vaut-il pas encore mieux avoir affaire à elles qu'à vos
communards? — Qu'est-ce que je demande, moi, par
exemple? — De vivre tranquille avec mon petit avoir,
n'est-ce pas? De fumer ma pipe et de faire ma partie
sans qu'on me tracasse. — Eh bien! — Je ne veux pas
vanter les Prussiens,... mais enfin... ici même, à Bazouges, j'en avais six chez moi; six, monsieur! Pas
un n'a touché ni à mon argent, ni à mes meubles, ni
à mon bien. Je les ai nourris quinze jours à ma table,
c'est vrai! mais ce n'est pas là une affaire; c'étaient
de bons enfants: on a ri plus d'une fois ensemble! —
Et vous, vous, monsieur, dans votre... enfin, dans
cette Lorraine et cette Alsace dont on nous... fait
tant de bruit, vous ont-ils fait le moindre mal? Vous

ont-ils chassé de votre maison? ont-ils confisqué vos propriétés? — Vous avouerez bien que si les communards avaient pris le dessus, les choses se seraient passées moins doucement! — Et vous voulez que j'aime un gouvernement qui leur prépare tout bonnement la voie? »

M. Hilt, accoudé à la banquette de cuir, une main dans sa poche, l'autre tenant sa pipe, fumait en regardant de bas en haut M. Meunier dans les yeux. J'étais honteux pour notre commune d'entendre débiter de tels propos devant un homme comme lui. Tous ces messieurs regardaient les murs ou le fond de leur chope. M. Bellœuvre, le marchand de bestiaux, était allé battre une marche aux vitres de la devanture.

VI

Aux derniers mots de M. Meunier, M. Hilt dit tranquillement.

« Il ne s'agit pas, mon pauvre monsieur, d'aimer le gouvernement ou de ne pas l'aimer; il s'agit de faire son devoir de Français. Que la loi plaise ou déplaise, on la respecte, parce qu'elle est la loi. — Où irions-nous avec cette prétention des simples citoyens de faire leurs conditions à la volonté publique? — La grande affaire est de rester unis contre l'étranger, sous une république ou sous un souverain légalement établi, peu importe! La France avant tout!

» Tant que la France sera debout, soyez tranquille, nous n'aurons rien à craindre de vos communards. — Dix millions d'honnêtes gens ne seront ni assez faibles, ni assez bêtes pour leur laisser prendre le gouvernail ! — Mais qu'une invasion anéantisse encore nos forces militaires, vide notre trésor et décourage les honnêtes gens, et vous verrez alors où ces messieurs nous mèneront ! — Vos bons étrangers ne vous tireront pas de leurs mains, soyez-en sûr ! — Ils prendront leur part de la proie, s'ils ne profitent pas du désarroi pour tout prendre. Laissez-les revenir, et vous en verrez de belles ! En 1871, on avait tout calculé pour notre ruine et on s'est trompé. On ne se trompera plus si l'occasion se représente.

— Pourtant, en 1871,... balbutia M. Meunier.

— En 1871, ils n'ont pas fait si grand mal, voulez-vous me dire ! — Eh bien, parlons-en. Pour commencer par ce qui vous touche le plus directement : ce café, ce cognac, cette bière, ce tabac, ces allumettes, et votre vin, et votre viande, tout cela vous coûte-t-il le même prix qu'il y a dix ans ? — Non. — Tout a augmenté à cause des impôts, n'est-ce pas ? — Mais ces impôts eux-mêmes, pourquoi ont-ils augmenté d'un tiers ? — Vous savez bien que c'est pour payer l'intérêt des dix milliards que les Prussiens nous ont coûté ! — Dix milliards que nous avons empruntés, mon bon monsieur, que nous devons, par conséquent, et qu'il nous faudra bien rembourser un jour. — Ajoutez à cela le travail de huit mois complètement perdu, un million d'étrangers nourris dans nos maisons, nos villages saccagés, nos familles troublées, nos sœurs et nos filles insultées, nos frères et nos fils tués, blessés, prisonniers par centaines de milliers et mourant en Allemagne de misère et de faim. Si vous avez oublié tout cela, des millions de Français s'en souviennent, je vous le garantis.

» Quant à l'Alsace-Lorraine, dont vous appréciez tant le bonheur, si vous étiez comme moi du pays, vous m'en donneriez de belles nouvelles ! Fabricants ruinés, fabriques fermées, ouvriers sans ouvrage ! Commerçants décrochant leurs enseignes, faute de chalands ! propriétaires sans fermiers ni locataires, fermiers et cultivateurs sans bras pour moissonner, sans acheteurs pour les débarrasser de leurs récoltes, voilà ce que vous verriez partout. Le gendarme prussien, le commissaire prussien, le juge prussien, vous menant à la prussienne, et rudement. Chacun arraché à ses habitudes, à ses goûts, à ses affections : les jeunes gens fuyant par milliers en France, les pères mourant sans revoir une dernière fois leurs fils ; la gêne et le deuil dans toutes les familles, la colère dans tous les cœurs ! »

La voix du capitaine tremblait, ses yeux brillaient, il était beau à voir. Tout le monde l'écoutait et le regardait avec respect.

« Maintenant je ne m'adresse plus à vous, monsieur, dit-il, mais à tous ces messieurs qui m'écoutent. Se rappellent-ils ce qu'en 1870 leur cœur de Français a souffert ? L'armée battue et capitulant en rase campagne, le drapeau national traîné dans la boue, la France enchaînée, souffletée, démembrée, tout cela ne vous a-t-il pas brisé l'âme ? — N'avez-vous pas pleuré, dites-moi, à la nouvelle de Sedan ? N'étions-nous pas tous honteux, découragés, flétris, comme des fils qui apprendraient tout à coup la banqueroute et le déshonneur de leur père ? Des frissons de crainte passaient brusquement et inclinaient toutes les têtes ; plus de confiance en soi-même, plus de foi dans l'avenir ! « A quoi bon travailler, disait-on ? C'en est fait de la France ! »

VII

« Ah ! la triste époque ! continua le capitaine. Cette lassitude après la défaite était affreuse !

» Nous l'avons secouée, Dieu merci ! Les fils du failli sont en train de payer les dettes de leur père. Nous n'avons plus à baisser la tête.

» Quatorze cent mille soldats, qui seront bons, et qui déjà ne sont pas mauvais, couvrent la patrie du rempart de leurs corps. — Derrière cette muraille de poitrines, nous avons repris confiance : nous ensemençons nos champs, nous laissons croître nos taillis, nous propageons les bonnes idées et les bons exemples. Au-dessus des citoyens, des familles, des communes, tous également à l'œuvre, la France elle-même travaille. Elle veille à assurer aux citoyens l'ordre, la paix et la liberté, à l'ombre de la loi. Elle répand l'instruction, sans laquelle il n'y a ni bons citoyens ni bons soldats. Les grandes écoles de l'État forment les juges, les savants, les hommes qui écrivent, qui pensent, qui inventent, car la France ne doit rester en arrière d'aucun peuple pour les idées et les inventions. Les architectes, les peintres, les sculpteurs nous font, aux frais de la nation, des églises, des palais, des théâtres, aussi beaux et plus beaux que ceux des plus grands peuples. Les ingénieurs de l'État nous construisent des chemins de fer, des canaux, des télégraphes, des ports, des phares. Les marins veillent sur les colonies, gardent nos côtes et nous préparent, en cas de revers, une arrière-garde héroïque !

» Nous sommes bien loin encore, nous le savons

tous, de pouvoir nous croiser les bras en sécurité. Nous avons tous besoin de gagner, et de gagner beaucoup encore en instruction, en persévérance, en abnégation et en patriotisme. Il faut que le sentiment religieux retrempe profondément nos âmes ! — Mais, quoi qu'il nous reste à accomplir, nous pouvons, après être sortis tous ensemble de ces difficultés terribles, compter sur nous et sur l'avenir : chacun de nous se sent le cœur plus haut et va plus hardiment de l'avant !

» Nous portons de nouveau notre nom de Français avec fierté. Parmi les Anglais, les Italiens, les Belges, les Suisses, les Allemands, tout autant que parmi nous, sans doute, il y a des hommes instruits, des gens de cœur, de bons citoyens et des soldats vaillants. Mais si nous ne les estimons pas moins, nous n'admettons pas qu'ils s'estiment plus que nous. Nous réclamons et nous prenons notre place parmi eux, comme un brave homme s'assied hardiment parmi les braves gens.

» Personne n'ose plus nous contester cette place : tous les peuples sont venus à notre Exposition avec un empressement plein de cordialité et d'estime, et nos ennemis eux-mêmes ont tendu les mains, quand, le premier mai, ils ont vu la mère au doux sourire, au front lumineux, la France, reparaître, faible encore, appuyée sur ses enfants pleurant de joie. »

VIII

M. Hilt se tut. Nous restâmes quelques minutes sans rien dire, réfléchissant.

« C'est vrai, ce que vous dites-là, monsieur l'officier, » interrompit M. Belleuvre, le marchand de bestiaux, un gros homme en blouse, qui avait fumé toute la soirée, le chapeau sur la tête, sans dire un mot. « L'autre jour, à Paris, à l'ouverture, quand j'ai vu le gouvernement sur l'estrade, les drapeaux, le canon. et tout ce monde, Français, Anglais, Suédois, Américains, ça m'a fait froid dans le dos. Je me suis dit : « Belleuvre, ça, c'est la France ! »

M. Belleuvre dit ces derniers mots d'une voix étranglée, il essuya une larme et se mit à rire, en disant : « C'est stupide ! mais c'est plus fort que moi !

— Nous avons tous éprouvé le même sentiment, monsieur, reprit gravement M. Hilt. Dans des circonstances moins solennelles, l'idée de la patrie m'a plus d'une fois fait frissonner et pleurer comme vous. En 1872, à l'isthme de Suez, quand j'ai vu se déployer devant le bateau à vapeur cette longue nappe bleue du canal, j'ai pensé que cette route qui unit les extrémités du monde venait d'être creusée dans le désert par un Français : cette idée m'a secoué, et, pour la première fois depuis la guerre, je me suis senti plein de fierté. La vue seule d'un drapeau français, rien qu'une sonnerie de clairon a fait naître en moi la même émotion. Dans l'océan Indien, quand je voyais un navire paraître dans l'immensité, puis s'approcher comme suspendu entre le bleu du ciel et le bleu de la mer, et tout à coup hisser le pavillon tricolore, j'avais peine à retenir mes larmes. »

En ce moment, onze heures sonnèrent. Tout le monde se leva.

« Messieurs, dit le capitaine, vous accepterez, je l'espère, un verre de vieux vin de France pour finir cette soirée en trinquant ensemble ? M. Allory nous servira en amis. »

Pendant que ma femme donnait les verres, je montai de mon petit caveau deux bouteilles de vin d'Anjou, premier choix. Le capitaine remplit les verres.

« A votre santé, capitaine !

— A la vôtre, messieurs, et à la France ! »

Il dit cela d'un ton si grave, que M. Belleuvre ôta son chapeau comme à l'église. Nous répétâmes tous d'une seule voix :

« A la France ! »

Et nous bûmes. Il ne resta pas une goutte au fond des verres.

Chacun serra la main du capitaine ! Quand ce fut le tour de M. Meunier, M. Hilt lui retint la main, et le regardant bien en face :

« Allons, M. Meunier, dit-il, nous serons désormais bon Français, je l'espère ?

— Mais, dit M. Meunier, je suis bon Français, moi, très-bon Français ! Seulement, ce que je veux, c'est ma tranquillité ! »

M. Belleuvre haussa les épaules.

Le lendemain, le capitaine Hilt se leva à quatre heures et courut le pays tout le jour. A cinq heures du soir, il nous serra une dernière fois la main et repartit pour Angers. Je n'oublierai jamais sa visite.

Tel est le récit que me fit M. Allory, l'aubergiste du *Cheval Blanc*. Je n'ai fait que changer un peu les termes en vous le rapportant.

L'ARMÉE

LETTRE DU COLONEL EN RETRAITE JAUBERT
AU FUSILIER L. LEMAITRE.

« La Flèche, 1er juin 1878

» Vous voilà donc engagé, mon ami! J'en suis enchanté pour vous.

» A vingt ans, instruit comme vous l'êtes, profiter d'un héritage pour assurer le bien-être de votre mère, jeter l'habit noir aux orties et vous faire soldat, c'est agir en homme de cœur!

» Vous ne vous repentirez pas d'avoir donné cet exemple. En aucun temps on n'a marchandé l'estime à l'homme qui, volontairement et par sentiment d'honneur, risque sa vie pour son pays; mais jamais la carrière des armes n'a offert autant qu'aujourd'hui de noblesse et de dignité.

» Les désastres de 1870 ont coupé court aux guerres de politique personnelle et d'ostentation, qui remplissent notre histoire depuis quatre siècles. L'ordre au dedans, au dehors la sécurité et l'honneur, c'est tout ce que demande désormais la France. Elle veut la paix, mais, sachant qu'une nation ne jouit d'une paix honorable et sûre qu'à la condition d'être forte, c'est de son armée seule qu'elle l'attend. L'armée française, ce terrible instrument de guerre, qui, récemment encore, menaçait le repos de l'Europe, n'est donc plus qu'un grand instrument de paix. Si

une agression ou une menace contraignent la France à
la guerre, elle tirera l'épée, et l'armée fera son devoir.
Mais la guerre n'aura d'autre but que de conquérir
au plus vite une paix glorieuse et solide.

» Réorganisée pour cette fin, l'armée s'est, par le
fait, complètement renouvelée.

» Par la multitude des soldats, par leur instruction
et leur discipline, par le perfectionnement incessant
des armes et du matériel, elle diffère autant de l'armée
de 1800 qu'un train rapide de chemin de fer diffère
d'une diligence. Mais le conducteur antique, assisté
de son postillon, ne conduirait pas plus un train rapide
que les officiers de 1800 ne conduiraient l'armée
actuelle. L'officier contemporain a besoin pour s'ac-
quitter de ses fonctions d'une science professionnelle
dont le passé n'avait pas idée.

» Ce rôle nouveau de protecteur de la sécurité nationale assure au militaire les sympathies et le respect
du public. En même temps, la haute culture, qui devient
pour lui une nécessité, le place au premier rang parmi
les serviteurs les plus distingués de la patrie.

» D'un autre côté, la dignité de l'officier s'est accrue
pour ainsi dire infiniment par le service obligatoire.

» Avant 1792, quand les soldats n'étaient que des
mercenaires raccolés à prix d'argent; avant 1870,
quand l'armée ne comprenait que les hommes les
plus pauvres et les remplaçants, l'officier était un
ingénieur militaire. Une fois sa machine de guerre
bien montée, les longues années de paix ne lui of-
fraient plus qu'une besogne fastidieuse. Aussi avec
quelle ardeur désirait-il la guerre, qui, seule, lui donnait sa véritable importance !

» Grâce au service obligatoire, l'armée est aujourd'hui la nation même, en armes et disciplinée. En tout temps, l'officier au milieu de ses troupes a toute la dignité du magistrat public. — Son autorité s'exerce au nom de la patrie et de la loi sur tous ses concitoyens, quelles que soient leur éducation et leur condition spéciale. Pendant vingt ans, chaque citoyen le voit au-dessus de lui, le respecte et apprécie ses services. Plus la paix est profonde et la sécurité de tous assurée, plus il lui témoigne de reconnaissance.

» Mais ce n'est pas tout encore. Quand la France n'avait de force militaire que son armée active, il suffisait d'enseigner au soldat la pratique du métier des armes; la tradition et l'esprit de corps faisaient le reste. Aujourd'hui que le service actif est abrégé et que notre force militaire se compose de l'armée active, de la réserve et de la territoriale, il n'en est plus de même : il faut, pour que les citoyens restent, pendant quinze ans, aptes à redevenir instantanément de bons soldats, qu'on profite de leur court séjour sous les drapeaux pour leur inculquer profondément l'esprit militaire. L'armée active devient donc, en réalité, un haut institut d'éducation nationale.

» C'est là qu'au sortir de la famille et de l'école, les jeunes gens de toute condition viennent se former aux vertus du citoyen et du soldat. Ils y vivent en tête à tête avec la patrie, apprennent à l'aimer, s'accoutument à respecter ses lois et à lui obéir. L'éducation militaire dont ils subissent l'action puissante, leur inspire des vertus auxquelles leur âme est restée jusqu'alors étrangère : le dévouement au drapeau et à leurs compagnons d'armes, le courage qui défie la mort, la force virile qui brave les fatigues, l'abnégation qui, en vue de la patrie, leur fait supporter sans une plainte la rude vie de la caserne et du camp.

» Ce sont les militaires de profession qui donnent cette éducation à notre jeunesse : la patrie leur remet des enfants, ils en font des hommes.

» Chefs de guerre éclairés, et, à ce titre, défenseurs de l'ordre et de la paix, magistrats investis sur leurs concitoyens d'une part de l'autorité publique, ils sont encore, de fait, les hauts éducateurs de la nation.

» Dites-moi maintenant si j'ai exagéré en vous affirmant que, de toutes les carrières, celle des armes est la mieux faite pour satisfaire une âme noble et bien trempée ?

» Partout les militaires se mettent aujourd'hui à la hauteur de ce rôle nouveau ; il nous reste encore, je le sais, quelques-uns de ces officiers ignorants et frivoles qu'on ridiculise sous le nom de traîneurs de sabre ; mais la race de ces pourfendeurs, au langage salé de mots orduriers, au képi incliné sur l'oreille, commence à devenir si rare qu'elle ne peut tarder à disparaître.

» Les traits caractéristiques du vrai militaire sont aujourd'hui la tenue simple et digne, l'expression sérieuse, le regard ferme, la parole brève et claire, la politesse, tout, en un mot, ce qui révèle l'empire sur soi-même et l'énergie réfléchie.

» Cet empire sur soi-même et cette énergie calme, en harmonie avec la mission de l'armée actuelle, se retrouveront naturellement dans la conduite du militaire en face de l'ennemi.

» Avant tout, les hommes de guerre ne se laisseront plus égarer par la vieille maxime : « Rien n'est plus beau que de mourir pour la patrie ! » —« Vaincre pour elle à tout prix, » tel sera désormais le mot d'ordre, et moins la victoire aura coûté de sang, plus elle paraîtra belle.

» Moins de fougue et d'héroïsme, plus de calcul! Chaque chef veillera sur le moral, sur la santé, sur la vie de ses hommes. Attentif à ne rien risquer, il saura prendre des positions sûres, éviter les simples joutes de bravoure et souvent assurer par une retraite ou un refus de combat le succès d'un mouvement offensif. Il fera comprendre à ses soldats, par ses actes encore plus que par ses discours, que Dieu et la patrie leur demandent compte de chaque goutte de sang gaspillée.

» Sous sa direction, le soldat apprendra que, pour lui, la vraie bravoure consiste — dans le combat — à entendre les commandements, à obéir avec la même précision qu'à l'exercice, à mesurer ses coups et à préserver sa propre vie — dans un poste isolé — à exécuter avec résolution sa consigne, à rester calme dans le péril, l'esprit ouvert comme les yeux — partout et toujours — à braver, lorsqu'il le faut, la mort, la fatigue, le sommeil et la faim.

» A bien plus forte raison, le chef, le militaire de profession, verra-t-il pour lui-même l'essence de la bravoure dans le sang-froid, dans la réflexion, dans l'audace qui assure le succès, dans la circonspection qui prévient les catastrophes, et surtout dans la fermeté inébranlable avec laquelle il accomplira son devoir, sans entraînement et sans faiblesse.

» C'est à la condition de porter dans la guerre ces habitudes sérieuses et ces vertus mâles que les militaires qui tomberont en combattant sentiront que le sacrifice de leur vie n'aura été ni inutile ni fait à la légère. Le front serein et le cœur plein d'espérance, ils élèveront avec confiance leur dernier regard vers ce Dieu qui tient compte avant tout à l'homme de l'oubli de soi-même et du dévouement à une grande cause ; ils salueront avec un attendrissement religieux cette patrie, pour laquelle ils mourront avec la pleine conscience de leur sacrifice, qui conservera pieusement leur mémoire, adoptera leur famille et fera de leur nom un patrimoine d'honneur pour leurs enfants.

» Dans ses rapports avec les populations envahies, le militaire se souviendra de même de la grandeur sérieuse de son rôle. — Pas de fausse sensibilité, et, s'il le faut, des rigueurs impitoyables et méthodiques. — Mais jamais d'outrages, jamais de violences inutiles ! Respect de la dignité des hommes et de la pudeur des femmes ; respect de la propriété. Le pillage démoralise une armée ; il en fait un objet d'insulte et de risée pour les vaincus eux-mêmes.

» Aucun peuple, d'ailleurs, nous ne le savons que trop, n'a de pacte avec la victoire. Une armée qui veut conquérir la paix et assurer l'avenir de la patrie, se garde de jeter des semences de haine chez les vaincus. La vengeance, pour être tardive, n'en serait que plus sûre et plus cruelle. Un peuple pillé et humilié n'a plus qu'une pensée, reconstituer ses forces et prendre sa revanche. Plus son humiliation a été rude, plus il puise dans sa passion même de chances de succès.

» Faite avec cette modération, la guerre restera une des crises les plus terribles de la vie des nations ; mais elle perdra sa férocité. L'emploi de la force sera soumis à la raison, et l'homme de guerre conservera dans son rôle terrible la sérénité que garde le juge au moment où il envoie un condamné à l'échafaud.

» Je sais que bien des militaires, s'ils m'entendaient, me traiteraient de rêveur. Je ne rêve pas cependant ; je raisonne et je constate. Malgré les amers souvenirs que nous en avons gardés, **la guerre de 1870** a été incomparablement moins cruelle que les guerres des premières années du siècle. Il suffit d'ouvrir un précis d'histoire pour voir la supériorité de ces dernières sur la guerre de Trente ans, où le soldat n'était plus un homme, mais une bête féroce.

» — Pour me rendre au désir que m'exprime votre digne mère, je terminerai cette longue lettre par quelques conseils pratiques dont vous ferez bon usage, mon ami, je n'en doute pas.

» Avant tout, je vous dirai : acceptez avec confiance la direction de votre colonel et de vos officiers supérieurs. Étudiez avec ardeur et à fond l'esprit et la lettre de vos instructions militaires.

» Aussitôt entré au régiment, pénétrez-vous de cette idée que vos chefs, du colonel au caporal, tiennent de la France elle-même leur autorité sur vous. Respectez-les doublement s'ils sont dignes de cette autorité. Respectez-les encore, s'ils vous en paraissent indignes, comme un fils respecte ses parents, quels qu'ils soient.

» Soyez gai et cordial avec vos camarades, mais évitez la familiarité. Vous les commanderez un jour, ne l'oubliez jamais. Rendez service, mais ne vous laissez pas exploiter : trop de confiance vous vaudrait un renom de faiblesse.

» Tâchez d'être le meilleur soldat de la compagnie : bon marcheur, bon coureur, bon tireur, éclaireur habile. Soignez vos armes, vos chaussures, vos vêtements ; ne dédaignez même pas le service de cuisine. Surtout, puisque vous êtes soldat, mangez la soupe du soldat. — Après six mois de cette étude pratique de la vie militaire, vous aurez à opposer à la supériorité réelle des officiers sortis de l'école une supériorité non moins réelle, **qu'ils n'acquerront jamais.**

» Le jour où votre colonel vous donnera vos premiers galons, commenceront pour vous des devoirs nouveaux ; l'homme qui commande doit d'abord l'exemple ; c'est sur lui que le conscrit se modèle pour se transformer en soldat ; c'est lui que le soldat imite comme le type même du bon militaire. L'exemple d'un seul chef suffit pour former des braves gens et de bons soldats par centaines.

» De tous les exemples, le plus nécessaire est celui du respect : tout gradé qui, devant des subalternes, dénigre son supérieur ou le tourne en ridicule, ébranle sa propre autorité.

» S'il est indispensable de maintenir intact le respect des supérieurs, il ne l'est pas moins de témoigner aux inférieurs les égards les plus scrupuleux. Jamais de cris, d'épithètes grossières, de punitions infligées à la légère. La répression immédiate de tout écart par un coup d'œil sévère ou un mot bref, la fermeté, la persévérance font cent fois plus d'effet que cet étalage d'énergie brutale. Souvent aussi un encouragement rapide, un mot d'approbation, un seul regard d'intérêt rend le châtiment inutile. Heureux le régiment où le sentiment du devoir est la base de la discipline, où le colonel le développe chez ses officiers, le capitaine chez ses sous-officiers, et ces derniers chez les soldats.

» De tous les égards dus par un supérieur à un subalterne, il n'en est pas qu'il soit plus fâcheux d'oublier que ceux auxquels l'officier et le sous-officier ont droit devant les troupes. Toute interpellation brutale, toute réprimande infligée publiquement est un coup porté à la discipline. La considération accordée par le supérieur à ses inférieurs remonte à lui-même et grandit de toute la distance qui les sépare.

» Parmi vos subordonnés, vous honorerez surtout les plus anciens et les plus méritants. Ne croyez jamais votre autorité compromise par la déférence que vous accorderez à ces vieux serviteurs de l'État, que le défaut d'instruction empêche d'exercer des fonctions plus élevées, mais qu'une vie d'honneur a mis moralement à votre niveau.

» Tout cela, mon ami, ne suffirait pas encore à faire de vous un officier hors ligne, si vous ne portiez dans tous les détails du métier une véritable passion de travail et de progrès. Donnez-vous tout entier à votre œuvre, mettez-y l'ardeur persévérante, l'entrain et la bonne humeur que l'artiste met à la sienne. C'est ainsi que vous donnerez à vos subordonnés le goût de l'application et du travail, et que vous leur ferez aimer à leur tour cette carrière des armes, qui absorbera à ce point vos affections.

» Je ne prétends pas, mon ami, vous prêcher là ce qu'on nomme aujourd'hui une existence agréable. Mais je vous affirme qu'en adoptant cette rude façon de vivre, vous trouverez votre récompense dans le plaisir d'agir et de créer, le plus vif peut-être et le plus sain que puisse goûter un homme, dans le témoignage de votre conscience et surtout dans le sentiment de force et de sérénité que laisse une vie consacrée tout entière au devoir et à la patrie, c'est-à-dire à Dieu. »

DEUXIÈME SÉRIE

CHANSON

Dans la France, que tout divise,
Quel Français a pris pour devise :
« Chacun pour tous, tous pour l'État ? »
　　Le soldat.

Dans nos heures d'indifférence,
Qui garde au cœur une espérance
Que tout heurte et que rien n'abat ?
　　Le soldat.

Qui fait le guet quand tout sommeille,
Quand tout est en péril qui veille,
Qui souffre, qui meurt, qui combat ?
　　Le soldat.

O rôle immense ! O tâche sainte !
Marchant sans cris, tombant sans plainte,
Qui travaille à notre rachat ?
　　Le soldat.

Et sur sa tombe obscure et fière,
Pour récompense et pour prière
Que voudrait-il que l'on gravât ?
Un soldat !

PAUL DÉROULÈDE.

(*Chants du soldat.*)

A LA FRANCE

PRIÈRE DE CHARLEMAGNE

. . . . . Bientôt m'enfuyant de la terre,
Je verrai l'avenir sans voile et sans mystère,
Dans le livre des temps pour mon regard ouverts,
O France ! je lirai ta gloire ou tes revers !
Ta gloire ! Oh ! puisse-t-elle, aux époques prochaines,
Croître en s'affermissant comme croissent les chênes,
Offrir l'abri superbe et l'ombre de son front,
Nation maternelle, aux peuples qui naîtront ;
Afin qu'on dise un jour, selon mon espérance :
Tout homme a deux pays, le sien et puis la France.

HENRY DE BORNIER

(*Fille de Roland.*)

LE DÉSASTRE DE LA PATRIE

J'ai vu notre désastre et vu nos ennemis !
J'ai vu, sans que sur eux s'écroulât le tonnerre,
Les pieds de leurs chevaux qui foulaient notre terre ;

J'ai vu leurs glaives nus luire à notre soleil !
J'ai vu dans le soir gris, dans le matin vermeil,
Du feu de leurs bivouacs s'élever les fumées.
Je les ai vus frapper à nos maisons fermées,
Briser la porte, entrer en maîtres, insultant
La pudeur de la femme et la peur de l'enfant.
J'ai, dans l'écho des nuits, entendu leurs voix dures
Dont le rire grossier ressemble à des injures ;
Tandis que nos morts, froids et roides, sur le dos,
Couchés, les bras ouverts, pour l'éternel repos,
Grinçaient au ciel les dents entre leurs lèvres vertes,
Et n'avaient plus de cris dans leurs bouches ouvertes !
Soleil de la patrie, as-tu pu voir cela?
Lune, as-tu pu briller au ciel? — Vous que voilà,
Montagnes de nos bois antiques couronnées,
Collines, à vos pieds par nos fleuves baignées,
Et vous, fleuves, ruisseaux, comment encor couler,
Quand un souffle d'horreur aurait dû vous geler?
Comment dans le matin verdir pour l'alouette.
Arbres? Dressez plutôt vos grands bras de squelette
Sur le ciel morne, où tous nos orgueils sont éteints !

Marc-Bayeux.

(Nos aïeux.) Laplace et Sanchez, édit.

PARCE, DOMINE!

L'église du village est éclairée à peine,
Les mobiles de Brest et ceux d'Ille-et-Vilaine,
Viennent à l'*Angelus* y prier en commun ;
Car ils seront ce soir de grand'garde, et pas un

Ne veut aller là-bas sans un bout de prière.
L'aumônier, né comme eux dans les champs de bruyère,
Leur dit qu'il faut offrir un cœur pur au Dieu fort,
Et marcher en chrétien au-devant de la mort.
Et pour donner encor aux paroles du prêtre
Plus de solennité, le canon de Bicêtre
Fait trembler par instants les vitraux de la nef...
Tous entonnent alors, du soldat jusqu'au chef,
Le *Parce, Domine*, ce grand cri que l'Église
Jette en pleurant vers Dieu dans les heures de crise.
« Épargnez-nous, Seigneur », chantent ces paysans,
Que l'aube reverra peut-être agonisants ;
Et tandis que leurs voix montent dans l'air humide,
Il me semble, au-delà des cintres de l'abside,
Entendre les rumeurs d'une foule à genoux :
Femmes en deuil, enfants sans pères, vieux époux
Dont les fils sont perdus sous la pluie ou la neige,
Laboureurs qu'on rançonne et bourgeois qu'on assiège,
Toute la France enfin, lasse, blessée au cœur,
Et criant dans la nuit : « Épargnez-nous, Seigneur ! »

ANDRÉ THEURIET. 1870-1871.

(*Le Bleu et le Noir.*) Alph. Lemerre, édit.

LE CHANT DES PRISONNIERS DE GUERRE

Nous allons commencer la marche lente et morne
Des prisonniers courbés sous le fouet du vainqueur.
Noir cortège, poussé vers l'horizon sans borne,
Du pays de l'exil qu'habite la douleur.

Les Germains, assemblés aux portes de leurs villes,
Nous verront arriver comme un troupeau crotté ;
Et nous ravalerons nos larmes inutiles,
Afin que notre deuil ne soit pas insulté !

Les rires outrageants et les paroles rudes
Pleuvront sur nous; et quand on nous arrêtera,
Nous tomberons assis en mornes attitudes,
Sur le sol, à l'endroit qu'on nous désignera.

Nous verrons sans gaîté couler les eaux limpides,
Sous le vent libre et frais nous aurons le front bas;
Vainement les oiseaux fuiront en vols rapides,
Et nos yeux vers le ciel ne se lèveront pas !

Hélas ! l'eau, les oiseaux, le vent ont l'étendue,
L'air, le soleil joyeux dans son immensité ;
Et nous ! A la longueur d'une chaîne tendue
Nous mesurons les pas de la captivité.

MARC-BAYEUX

(Nos aïeux.) Laplace et Sanchez, édit.

A LA PATRIE EN DEUIL

Tant qu'un reste de sang coulera dans mes veines,
Je veux le réserver à la patrie en pleurs,
Plus belle dans l'orage, et plus chère en ses peines
Qu'un sol de liberté, de soleil et de fleurs.

Ah ! si je te voyais grande, libre et puissante,
Du fond de ton cercueil soudain te ranimer,

Je pourrais te chanter d'une voix plus brillante,
Mais d'un cœur plus ardent je ne saurais t'aimer.

Non ! je chéris en toi tes douleurs, tes injures ;
Ta chaîne t'embellit aux yeux de tes enfants ;
Je bois avec amour le sang de tes blessures,
Je le bois à ta gloire, à la mort des tyrans !

LÉON HALÉVY.

(Poésies européennes.)

DANS L'ARGONNE

1792

       Au milieu des halliers,
Cent hommes environ, fermiers et journaliers,
Pâles, armés de faux et de vieilles épées,
Faisaient le guet, tandis qu'à l'entour des cépées,
Leurs grands bœufs ruminaient d'un air indifférent.
Tout à coup un rayon de soleil, éclairant
L'épaisseur du fourré, laissa voir sous les ormes
Les fusils des Prussiens et leurs noirs uniformes.

« A nous ! » dit un berger... Sa voix vibrait encor,
Quand un coup de mousquet l'étendit raide mort.
Ils étaient dix contre un ; d'ailleurs que peuvent faire
De pauvres paysans contre des gens de guerre ?...
On se rendit. Un chef écrivit le détail
Des parts que chacun d'eux avait dans le bétail,
Et leur remit avec d'amères railleries,
Un bon sur le Trésor, payable aux Tuileries...

Puis en **criant hurrah !** les soldats deux à deux
Défilèrent, poussant le troupeau devant eux.
Les bœufs, en mugissant, et les génisses rousses
Tournaient le front d'un air plaintif, et leurs voix douces
Retentissaient au loin. Les paysans navrés
Les regardaient partir, muets, les poings serrés,
Et des larmes de feu brûlaient leur peau tannée...

Amour de la maison où notre race est née,
Haine de l'étranger qui vient prendre au pays
Le blé de ses sillons et le sang de ses fils,
Fier sentiment du droit écrasé par la force,
C'est vous qui pénétrez nos cœurs à rude écorce !
Nous ne comprenons rien, nous autres laboureurs,
Aux querelles des rois avec les empereurs,
Nous ne connaissons pas la gloire et ses chimères,
Mais nous savons que les enfants sont à leurs mères,
Que nos champs sont à nous, que le sang veut du sang,
Et nous **nous soulevons** comme un flot menaçant...

André Theuret.

(Le Bleu et le Noir.) Lemerre, édit.

CHANT DE GUERRE DES GAULOIS

Aiguise ton glaive à la pierre,
Prépare ton casque à cimier,
Et selle ton cheval de guerre,
    Guerrier !
Soigne bien le mors et les brides,
Vois si les harnais sont serrés,

S'il a ses quatre pieds solides
    Ferrés.

Si ta cuirasse est bonne et large;
Avec le clairon furieux
Vous irez rouler dans la charge
    Tous deux.

Marc Bayeux.

(Nos aïeux.) Laplace et Sanchez, édit.

LA DIANE

A l'horizon neigeux et clair,
Frileuse et pâle sous son voile,
Voici l'aube d'un jour d'hiver.

On voit fuir la dernière étoile.
Artilleurs et soldats du train
Ont quitté leur tente de toile.

Déjà le café du matin
Auprès d'un grand feu qui s'allume,
Cuit dans les gamelles d'étain.

Un garde émerge de la brume,
Ployé sous deux bidons pleins d'eau
Puisés à la Seine qui fume.

Enveloppés dans leur manteau,
Et chevauchant comme au manège,
Deux canonniers, sur un traîneau

Mènent une pièce de siège;
L'attelage, fier et puissant,
Se détache en noir sur la neige.

Cependant le jour va croissant ;
Dans l'air sonore et diaphane
Un bruit monte retentissant.

Clairons, tambours, c'est la diane.
Sur les bivouacs blancs de frimas
Un souffle actif et jeune plane.

Le soleil se lève là-bas
Dans une poussière irisée,
L'azur a des teintes lilas.....

ANDRÉ THEURIET.

(*Le Bleu et le Noir.*) Lemerre, édit.

EN AVANT !

Le tambour bat, le clairon sonne ;
Qui reste en arrière ?... Personne !
C'est un peuple qui se défend.
    En avant !

Gronde, canon ! crache, mitraille !
Fiers bûcherons de la bataille,
Ouvrez-nous un chemin sanglant,
    En avant !

Le chemin est fait : qu'on y passe !
Qu'on les écrase, qu'on les chasse !
Qu'on soit libre au soleil levant !
    En avant !

Allons! les gars au cœur robuste,
Avançons vite et visons juste,
La France est là qui nous attend.

    En avant!

Leur nombre est grand dans cette plaine ·
Est-il plus grand que notre haine?
Nous le saurons en arrivant.

    En avant!

Leurs canons nous fauchent? Qu'importe!
Si leur artillerie est forte,
Nous le saurons en l'enlevant.

    En avant!

Où nous courons? — Où l'on nous mène!
Et si la victoire est prochaine,
Nous le saurons en la trouvant.

    En avant!

En avant! tant pis pour qui tombe!
La mort n'est rien, vive la tombe,
Quand le pays en sort vivant!

    En avant!

PAUL DÉROULÈDE.

(Nouveaux Chants du soldat.)

TROISIÈME SÉRIE

LES LABOUREURS

Je marchais sur la lisière d'un champ qu'on était
en train de préparer pour la semaille prochaine. Le
paysage était vaste et encadrait de grandes lignes de
verdure, un peu rougie aux approches de l'automne, ce large terrain d'un brun vigoureux, où
des pluies récentes avaient laissé, dans quelques
sillons, des lignes d'eau que le soleil faisait briller
comme de minces filets d'argent. La journée était
claire et tiède, et la terre, fraîchement ouverte par le
tranchant des charrues, exhalait une vapeur légère.

Dans le haut du champ un veilllard, au dos large
et à la figure sévère, poussait gravement son *areau*
de forme antique, traîné par deux bœufs tranquilles,
à la robe d'un jaune pâle, véritables patriarches de la
prairie, hauts de taille, un peu maigres, les cornes
longues et rabattues, de ces vieux travailleurs qu'une
longue habitude a rendus *frères*, comme on les appelle
dans nos campagnes, et qui, privés l'un de l'autre, se
refusent au travail avec un nouveau compagnon et
se laissent mourir de chagrin...

Le vieux laboureur travaillait lentement, en silence, sans efforts inutiles. Son docile attelage ne se pressait pas plus que lui, mais grâce à la continuité d'un labeur sans distraction et d'une dépense de forces éprouvées et soutenues, son sillon était aussi vite creusé que celui de son fils, qui menait, à quelque distance, quatre bœufs moins robustes dans une veine de terres plus fortes et plus pierreuses.

A l'autre extrémité de la plaine labourable, un jeune homme de bonne mine conduisait un attelage magnifique : quatre paires de jeunes animaux à robe sombre mêlée de noir fauve à reflets de feu, avec ces têtes courtes et frisées qui sentent encore le taureau sauvage, ces gros yeux farouches, ces mouvements brusques, ce travail nerveux et saccadé qui s'irrite encore du joug et de l'aiguillon. C'est ce qu'on appelle des bœufs fraîchement liés. L'homme qui les gouvernait avait à défricher un coin naguère abandonné au pâturage et rempli de souches séculaires, travail d'athlète auquel suffisaient à peine son énergie, sa jeunesse et ses huit animaux quasi indomptés.

Un enfant de six à sept ans, beau comme un ange, et les épaules couvertes, sur sa blouse, d'une peau d'agneau, marchait dans le sillon parallèle à la charrue et piquait le flanc des bœufs avec une gaule longue et légère, armée d'un aiguillon peu acéré. Les fiers animaux frémissaient sous la petite main de l'enfant, et faisaient grincer les jougs et les courroies liés à leur front, en imprimant au timon de violentes secousses. Lorsqu'une racine arrêtait le soc, le laboureur criait d'une voix puissante, appelant chaque bête par son nom, mais plutôt pour calmer que pour exciter ; car les bœufs, irrités par cette brusque résistance, bondissaient, creusaient la terre de leurs larges pieds fourchus, et se seraient jetés de côté, emportant l'areau à travers champs, si, de la voix et de l'aiguillon, le jeune homme n'eût maintenu les quatre premiers, tandis que l'enfant gouvernait les quatre autres. Il criait aussi, le pauvret, d'une voix qu'il voulait rendre terrible et qui restait douce comme sa figure angélique. Tout cela était beau de force ou de grâce : le paysage, l'homme, l'enfant, les taureaux sous le joug ; et, malgré cette lutte puissante, où la terre était vaincue, il y avait un sentiment de douceur et de calme profond qui planait sur toutes choses. Quand l'obstacle était surmonté, et que l'attelage reprenait sa marche égale et solennelle, le laboureur, dont la feinte violence n'était qu'un exercice de vigueur et une dépense d'activité, reprenait sa sérénité et jetait un regard de contentement paternel sur son enfant qui se retournait pour lui sourire. Puis la voix mâle de ce jeune père de famille entonnait le chant solennel et mélancolique que l'antique tradition du pays transmet, non à tous les laboureurs indistinctement, mais aux plus consommés dans l'art d'exciter et de soutenir l'ardeur des bœufs de travail. Ce chant est réputé encore aujourd'hui posséder la vertu d'entretenir le courage de ces animaux, d'apaiser leurs mécontentements et de charmer l'ennui de leur longue besogne. Il ne suffit pas de savoir bien les conduire en traçant un sillon parfaitement droit, de leur alléger la peine en soulevant ou enfonçant à point le fer dans la terre. On n'est point un parfait laboureur, si on ne sait chanter aux bœufs, et c'est là une science à part qui exige un goût et des moyens particuliers.

GEORGE SAND.

(La Mare au Diable.) Calmann-Lévy, édit.

LE CHANT DES BUCHERONS

Voici les bûcherons, les francs coupeurs de chênes !
Par la neige ou la pluie ils font leur dur métier ;
Dès que le jour commence, en route ! Le gibier
Ne rôde pas plus qu'eux dans les forêts lointaines,
Leur jarrets sont de fer, leurs muscles sont d'acier.
Voici les bûcherons, les francs coupeurs de chênes !

L'arbre, dans le taillis comme un géant campé,
Au-dessus du chemin dressait sa grande taille ;
Son tronc large et noueux semblait une muraille...
Dans l'herbe le voilà gisant... Qui l'a frappé ?
Ce sont les bûcherons ; ils ont comme une paille
Brisé l'arbre géant dans le taillis campé.

Qui nourrit de charbon la fournaise béante,
Où l'on coule la fonte, où l'on forge le fer ?
Qui fournit leurs grands mâts aux vaisseaux de la mer ?
Qui donne à la maison sa porte et sa charpente ?
Qui fait luire dans l'âtre un soleil en hiver
Et nourrit de charbon la fournaise béante ?

Ce sont les bûcherons. — Leur bras n'est jamais las.
Parfois, quand la forêt de brouillard imprégnée
Fait silence l'hiver, le bruit d'une cognée
Ou d'un chêne qui roule et tombe avec fracas
Retentit dans le fond d'une combe éloignée...
Ce sont les bûcherons, leur bras n'est jamais las.

Honneur aux bûcherons, aux francs coupeurs de chênes
Ils n'ont pas sitôt mis le pied hors du taillis.

Qu'ils se sentent le cœur pris du mal du pays.
Au bois est leur patrie, au bois sont leurs domaines ;
Leurs fils y grandiront près des pères vieillis,
Les fils des bûcherons, des francs coupeurs de chênes !

ANDRÉ THEURIET.

(Le Chemin des bois Lemerre, édit.

LA GRÈVE DES FORGERONS

Au bout de quinze jours, nous étions sans un sou.
. . . .
. . . Vers la fin
D'une après-midi froide et grise de décembre,
Je vis ma femme assise en un coin de la chambre
Avec les deux petits serrés contre son sein,
Et je pensais :
　　　　　　— C'est moi qui suis leur assassin,
Quand la vieille me dit, douce et presque confuse :
— Mon pauvre homme, le Mont-de-Piété refuse
Le dernier matelas comme étant trop mauvais,
Où vas-tu maintenant trouver du pain ?
　　　　　　　　　　　　— J'y vais,
Répondis-je, et, prenant à deux mains mon courage,
Je résolus d'aller me remettre à l'ouvrage ;
Et, quoique me doutant qu'on me repousserait,
Je me rendis d'abord dans le vieux cabaret
Où se tenaient toujours les meneurs de la grève.
— Lorsque j'entrai, je crus, sur ma foi, faire un rêve.

On buvait là, tandis que d'autres avaient faim ;
On buvait ! — Oh ! ceux-là qui leur payaient ce vin,
Et prolongeaient ainsi notre horrible martyre,
Qu'ils entendent encore un vieillard les maudire !...
...Je leur parlai.
                    — « Je viens pour vous dire ceci :
C'est que j'ai soixante ans passés, ma femme aussi,
Que mes deux petits-fils sont restés à ma charge
Et que dans la mansarde où nous vivons au large
—Tous nos meubles étant vendus—on est sans pain.
Un lit à l'hôpital, mon corps au carabin,
C'est un sort pour un gueux comme moi, je suppose;
Mais pour ma femme et mes petits, c'est autre chose.
Donc je veux retourner tout seul sur les chantiers.
Mais, avant tout, il faut que vous le permettiez
Pour qu'on ne puisse pas sur moi faire d'histoires.
Voyez. J'ai les cheveux tout blancs et les mains noires,
Et voilà quarante ans que je suis forgeron.
— Laissez-moi retourner tout seul chez le patron...

. . . .

Voilà tout. Maintenant dites si ça vous fâche. »
Un d'entr'eux fit vers moi trois pas et me dit:
                                        — Lâche !
Alors j'eus froid au cœur et le sang m'aveugla.
Je regardai celui qui m'avait dit cela.
C'était un grand garçon, blême aux reflets des lampes,
Un malin, un coureur de bals, qui sur les tempes,
Comme une fille, avait deux gros accroche-cœurs.
Il ricanait, fixant sur moi ses yeux moqueurs ;
Et les autres gardaient un si profond silence
Que j'entendais mon cœur battre avec violence.
Tout à coup j'étreignis dans mes deux mains mon front
Et m'écriai :
                    — « Ma femme et mes petits mourront.

Soit. Et je n'irai pas travailler, mais je jure
Que, toi, tu me rendras raison de cette injure.
Et que nous nous battrons, tout comme des bourgeois.
Mon heure? Sur-le-champ. Mon arme? J'ai le choix,
Et, parbleu! ce sera le lourd marteau d'enclume. »

. . . .

Je choisis deux marteaux sur un tas de ferrailles,
Et les ayant jugés d'un coup d'œil, je jetai
Le meilleur à celui qui m'avait insulté.
Il ricanait encor, mais à toute aventure,
Il prit l'arme et gardant toujours cette posture
Défensive :
        — « Allons, vieux, ne fais pas le méchant. »
Mais je ne répondis au drôle qu'en marchant
Contre lui, le gênant de mon regard honnête
Et faisant tournoyer au-dessus de ma tête
Mon outil de travail, mon arme de combat.
Jamais le chien couché sous le fouet qui le bat,
Dans ses yeux effarés et qui demandent grâce,
N'eut une expression de prière aussi basse
Que celle que je vis alors dans le regard
De ce louche poltron qui reculait, hagard,
Et qui vint s'acculer contre le mur du bouge.

F. COPPÉE.

(La Grève des Forgerons.) Alph. Lemerre, édit.

LES EMPLOYÉS DE LA BANQUE DE FRANCE

PENDANT LES INCENDIES DE PARIS EN 1871

La nuit était venue; le ciel se revêtait de teintes de pourpre et l'on pouvait croire que toute la partie sud-ouest de Paris était en feu. Le ministère des finances, les Tuileries, la rue de Lille, le bas de la rue du Bac projetaient des lueurs formidables. Tout le monde levait les yeux en l'air comme si l'on eût espéré reconnaître dans la marche des nuages rouges l'emplacement et la direction des incendies. Lorsque l'explosion des barils de poudre effondra la coupole des Tuileries, on en ressentit la commotion, qui glissa sous le sol comme un rapide tremblement de terre; tout le personnel de la Banque était réuni dans la grande cour, cette foule atterrée, quoique résolue, poussa un cri sourd : Ah!

Il y avait là non seulement le sous-gouverneur et les chefs de service, les employés, les garçons de recette [1], les plantons, les ouvriers, mais les femmes et les enfants des fonctionnaires qui ont logement à l'hôtel de la Vrillière : cinq ou six cents personnes au moins. La plupart de ces hommes étaient mariés, ils pensaient à ceux qui leur étaient chers et dont ils ignoraient le sort, car ils étaient en permanence à la Banque et n'en sortaient plus depuis que la bataille

---

1. Les garçons de recette sont désignés souvent sous le nom d'*habits gris*, à cause de la couleur de leur uniforme, bien connu à Paris.

avait dépassé les fortifications. Le cœur a dû faillir à plus d'un qui se demandait ce qu'au milieu de ce désastre sa femme ou son enfant allaient devenir. Où était le devoir à cette heure de péril suprême? près de la famille ou dans la fonction acceptée? Il y eut certainement là, parmi ces honnêtes gens réunis, une minute d'angoisse et de doute qui fut atroce. Cinq ou six « habits gris » semblèrent se concerter rapidement, puis marchèrent vers le marquis de Plœuc; l'un d'eux lui dit d'une voix étranglée : « Monsieur le sous-gouverneur, nous habitons les quartiers incendiés, nos enfants, nos femmes, nos mères sont là-bas, dans les flammes; laissez-nous partir pour aller à leur secours. » M. de Plœuc était très-ému, il répondit : « Je n'ai pas le droit de m'opposer à votre départ, vous pouvez donc quitter la Banque, mais je crois fermement que vous ne le devez pas. »

Ce seul mot suffit à faire évanouir une faiblesse trop humaine pour n'être pas respectable. « C'est bien, monsieur le marquis, nous resterons. » Et tous restèrent.

Nulle consigne n'avait été donnée aux portes; on était tellement sûr de cet excellent personnel que l'on n'avait même pas songé à défendre aux concierges de « tirer le cordon. »

Pendant cette nuit lamentable, pas un seul employé ne quitta son poste. Tous demeurèrent volontairement fidèles au devoir, prêts à se sacrifier au salut de la Banque de France.

MAXIME DU CAMP.

(La Banque de France sous la Commune.)

L'INCENDIE

En un instant la machine fut installée, l'eau était partout. Tandis que le lieutenant reconnaissait le siège principal de l'incendie et donnait des ordres, je me mis à pomper avec mon aimable voisin.

En face de nous était une maison tout en feu ; les flammes avaient brisé les fenêtres et sortaient de toutes parts. Tout à coup, au premier étage on entendit des cris déchirants : une figure blanche passa comme une ombre ; une voix de femme appela au secours. Aussitôt le lieutenant, appliquant une échelle le long du mur, monta et disparut au milieu de la fumée.

« Pompez, les enfants, pompez, » criait le sergent tout occupé de noyer l'incendie. Je pesais à tour de bras sur le levier, mais je ne pouvais détacher mes yeux de la fenêtre où le lieutenant était entré ; le cœur me battait, l'inquiétude m'étouffait.

Soudain il reparut, une femme dans les bras, et descendit au milieu des hourras de la foule.

A peine à terre, la femme se dressa : « Mon enfant, criait-elle, où est mon enfant ? où est ma fille ? » Elle tremblait de tous ses membres, elle pleurait, elle levait les bras vers la fenêtre en feu, elle voulait se jeter dans cette fournaise. En vain on essayait de la retenir, elle échappait de nos mains, courait à la maison, et, repoussée par la flamme, reculait en jetant des cris terribles et en s'arrachant les cheveux.

Chacun se regardait ; la flamme grondait comme l'orage, le toit embrasé allait crouler, l'enfant était perdu. A ce moment, je ne sais ce qui se passa dans mon âme : la vue de cette pauvre mère, l'exemple du lieutenant, l'idée que j'étais Français, que sais-je? ce fut une ivresse qui me monta à la tête. Je courus à l'échelle, j'étais en haut avant de savoir ce que je faisais.

Le sergent voulut m'arrêter. « Je suis père, m'écriai-je, je ne laisserai pas mourir cet enfant! »

Une fois dans la chambre, j'eus peur ; la flamme sifflait autour de moi, les boiseries craquaient, les glaces éclataient ; c'était un bruit sinistre. Étouffé par la chaleur, aveuglé par la fumée, j'appelai : point de réponse ; je criai : point d'écho. J'étais au désespoir, quand une langue de flamme rouge, perçant la nuit, me montra en face de moi une porte fermée. Briser la serrure d'un coup de hache, entrer dans la chambre, courir au berceau où pleurait un enfant, m'emparer de ce trésor, ce fut l'affaire d'un instant. Quelle joie! Mais elle fut courte. Entouré de fumée, presque asphyxié, je ne savais plus où j'étais, le cœur me battait, la tête me tournait, j'étais perdu.

« Par ici, docteur, par ici, Daniel, criait la voix du sergent Rose ; avancez, mais en reculant, attention!»

Le conseil était sage, j'étais à peine retourné qu'un vigoureux jet d'eau, dirigé par une main sûre, m'inonda de la tête aux pieds, au risque de me renverser. Grâce à cette diversion stratégique qui, pour un instant, arrêtait la flamme et dissipait la fumée, je vis la fenêtre, j'y courus et, enjambant l'échelle, je me laissai glisser à terre, noir et fumant comme un tison noyé. Un instant après, le toit s'abîmait avec un fracas horrible.

Dire la joie de la pauvre mère serait chose inutile ; le plus heureux, c'était moi : j'avais sauvé un enfant et soutenu l'honneur du nom français. Cela m'avait coûté quelque chose : j'avais tout un côté de cheveux roussi, une joue éraillée et le bras gauche brûlé du poignet au coude ; qu'était-ce que cela auprès de ce que j'avais gagné?

Une heure après ces événements, nous rentrions dans notre quartier, laissant aux derniers venus le soin d'éteindre les débris fumants.

Le long des trottoirs était rangé un peuple immense dans un ordre incroyable. « Hourrah pour le brave lieutenant! criait la foule, hourrah pour l'héroïque pompier! »

« Les voilà! » criait-on en nous désignant du doigt; les chapeaux se levaient, les mouchoirs flottaient, les femmes nous montraient à leurs enfants, qui agitaient leurs petites mains comme pour nous bénir.

L'émotion me gagnait, et j'avais beau regarder la foule avec la modestie et le calme d'un héros, quand j'approchai de la maison, j'étais tout en larmes.

ÉDOUARD LABOULAYE.

(*Paris en Amérique.*) Charpentier, éditeur.

LA VISITE DU DOCTEUR

Il y a un mois, grand'maman a fait une chute dans l'une des maisons où elle va travailler. On l'a ramenée chez nous avec un bras cassé. Juge un peu dans quel état nous étions tous : cet événement nous surprenait sans le sou, ce qui n'était pas bien malin. Pour ne pas nous mettre en peine... la mère... essayait de nous persuader que cela ne serait rien. Elle s'opposa à ce qu'on fît venir un médecin, et prétendait se guérir avec de l'eau-de-vie camphrée. Elle demandait seulement qu'on lui fît brûler un cierge à l'Abbaye. Notre ami Soleil est parti pour faire brûler le cierge; moi, j'ai couru au plus proche médecin. C'était précisément le docteur ***, qui est notre voisin.

... Au moment où je me présentai chez lui, il venait de rentrer de sa clinique et s'était mis à table. Dix personnes attendaient qu'il voulût bien les recevoir; la porte était défendue, et deux laquais faisaient sentinelle. Impossible d'entrer. Il y avait du monde qui devait passer avant moi quand le docteur serait visible; c'étaient peut-être deux heures d'attente. Il me semblait que j'entendais crier grand'mère... Tout à coup son secrétaire sortit de la salle à manger et, par la porte entr'ouverte en ce moment, je m'aperçus que cette pièce était de plain-pied avec un jardin. Je sortis aussitôt de l'antichambre, disant au domestique que je reviendrais. J'avais mon plan. En passant par la cour de l'hôtel, j'avais remarqué que le jardin possédait une entrée sur cette cour. Sans qu'on pût m'apercevoir, je me glissai dans le jardin; j'en fis le tour à moitié, j'arrivai devant la porte de la salle à manger, je l'ouvris lestement et parus tout à coup devant le docteur, que je trouvai installé en face d'une dizaine de plats, avec un domestique debout auprès de lui, la serviette sous le bras. Le docteur fit un saut comme s'il avait vu le diable. Sa première colère tomba sur ses domestiques, il voulait tous les mettre à la porte; il criait, il jurait si haut que les assiettes en tremblaient. Le pauvre diable qui le servait était plus blanc que sa serviette. Moi j'étais fort calme et bien décidé à ne sortir qu'avec le docteur. Sa fureur ne m'épouvantait pas... Je savais comment il faut procéder avec ces natures toujours en éruption de violence. Je racontai brièvement l'objet de ma présence, et je m'excusai sur mon entrée insolite. Et je conclus pour une visite immédiate. Tout en lui parlant, je n'avais pas l'air de croire un instant qu'il pût mettre obstacle à mon vouloir, qui s'était montré très-impératif, et pour cause. Je l'entendais rugir intérieurement, et je lisais dans ses yeux l'envie qu'il avait de me faire jeter par la fenêtre ; mais comme nous étions au rez-de-chaussée, l'intention était puérile. Mon audace l'avait tellement confondu que, pour ouvrir un courant à la fureur qu'elle lui causait, il découpait la nappe avec son couteau.

« Monsieur, me dit-il enfin, je me serais cassé le bras moi-même que je ne me dérangerais pas de mon déjeuner pour me secourir. Je me lève à cinq heures du matin, je passe la moitié des nuits ; je donne depuis vingt-cinq ans les trois quarts et demi de mon temps à la science et à l'humanité ; je ne connais les plaisirs que de nom, et le monde que pour le traverser une lancette ou un bistouri à la main. C'est bien le moins qu'on me laisse libre pendant le temps de mes repas. Vous ferez comme les autres personnes qui attendent dans l'antichambre, et qui sont aussi pressées que vous. »

Le docteur avait dit la vérité, mais son petit discours était prétentieux ; il avait des attitudes de buste qui ne vont bien qu'au bronze, et heureusement pour tous, pour la grand'mère surtout, le docteur était encore en chair et en os.

« Monsieur, lui répondis-je, les clients qui vous attendent sont moins pressés que ma grand'mère ; leur situation n'est pas dangereuse, puisqu'ils ont pu

se transporter chez vous, tandis qu'il faut, au contraire, que ce soit vous qui veniez chez grand'mère.

« — Je passerai chez vous dans la journée, me dit-il,
laissez-moi votre adresse.

« — Monsieur, répliquai-je sur le même ton d'assu-
rance, ma mère souffre; une heure de retard, c'est
beaucoup; j'ai promis de vous ramener.

« — Attendez au moins que j'aie achevé mon déjeuner. »

Et tout en parlant, je voyais qu'il mettait les morceaux doubles.

« Vos repas sont trop longs, lui dis-je, moitié avec
gaieté, moitié avec insistance; demandez le dessert
et allons-nous-en. »

Je lui présentai en même temps son chapeau et sa
canne. Il était stupéfié.

« Au moins, vous me permettrez de prendre mon
café ! »

J'allais lui faire cette concession, mais je compris
que c'était reculer. Avec de tels hommes, faire un pas
en arrière, c'est perdre l'avantage de tous ceux faits
en avant. Je le tenais entre le pouce et l'index, et il
ne s'agissait plus que de serrer un peu.

« On vous fera du café à la maison, lui dis-je. »

Cette fois il n'y put tenir davantage et... *partit*...
d'un éclat de rire.

Je l'emmenai par le même chemin que j'avais pris
pour arriver jusqu'à lui. Ce grand homme, habitué à
faire trembler tout son hôpital, riait comme un collé-
gien qui fait une espièglerie en sortant avec précau-
tion de son hôtel.

« Et mes clients qui m'attendent! Bah! ils m'at-
tendront. Est-ce que nous allons loin?

« — A deux pas, lui dis-je.

— C'est encore heureux ! »

Chemin faisant, le docteur m'avoua naïvement que si j'avais procédé par l'attendrissement et la supplication, il n'aurait pas quitté sa côtelette.

« Vous avez trouvé le point, me dit-il. »

Et il continua, comme s'il parlait à lui-même :

« Ah ! la volonté, quelle force ! Appliquée aux actions les plus vulgaires de la vie, c'est un levier sûr ; appliquée à la science, c'est la moitié du génie !... »

Comme nous étions arrivés à la porte de la maison, il s'arrêta brusquement, me lança un regard qui m'enveloppa de trouble, et me dit d'un air trop sérieux pour être sincère :

« Vous connaissez le prix ordinaire de mes visites ? »

Je restai d'autant plus étourdi qu'il semblait attendre ma réponse pour continuer son chemin.

« C'est très-cher, continua-t-il. »

Il fallait finir comme j'avais commencé.

« C'est égal, lui dis-je, car je ne pourrai pas vous payer. C'est ici, docteur. »

Et je lui montrai l'escalier. Il arrêta encore sur moi son regard pesant, puis, rencontrant le masque de placide conviction dont j'avais revêtu mon visage, il prit la rampe et monta le premier, leste comme un chat. Au troisième étage, il s'arrêta pour souffler.

« Combien de marches ? demanda-t-il.

— Encore soixante et dix.

— Total : cent vingt, dit le docteur. J'ai perché plus haut. »

Et nous reprîmes l'ascension. Arrivé au petit escalier, il se retourna vers moi :

« Vous ne m'aviez pas parlé de l'échelle. Parbleu !

vous pouvez être bien sûr que je vais tâcher de raccommoder votre aïeule en une séance. »

Cette brutale façon de parler, si blessante pour un fils et surtout dans un pareil moment, car les plaintes de grand'mère commençaient à arriver jusqu'à nous, n'amenèrent aucun changement dans ma physionomie. Je devinai cet homme. Son œil aigu fouillait mon âme comme un scalpel, afin d'y sentir palpiter la colère qu'il me fallait contenir pour dévorer ce dur propos. Un mot, un geste qui eût trahi la douloureuse émotion contenue au dedans de moi, le docteur échappait à cette influence du vouloir impérieux qui l'avait attiré, m'avait-il dit. Le jeu était cruel, mais je voulais gagner la partie. Pas un pli ne trembla dans mon masque d'impassibilité; seulement je sentais mes larmes comprimées me retomber dans la gorge à gouttes chaudes et précipitées. Enfin nous entrâmes; il était temps. Dès qu'il eut mis le pied sur notre seuil, le docteur devint tout autre.

« Mon enfant, me dit-il tout bas, je suis content de vous; vous serez content de moi. Et maintenant présentez-moi à madame votre mère, ajouta-t-il en retirant son chapeau. »

J'avais envie de lui sauter au cou, mais il n'aimait pas l'attendrissement... Le docteur s'approcha de grand'mère; comme elle voulait se lever de sa chaise, il l'obligea à se rasseoir, et lui parla avec une voix si douce que je ne savais pas si c'était bien lui qui parlait...

HENRI MURGER.

(Extrait des *Buveurs d'eau*.) Édition Calmann-Lévy.

BALLON FRANÇAIS DU SIÈGE DE PARIS

TOMBÉ EN NORVÈGE

Un grand nombre de spectateurs étaient réunis le soir du 30 septembre 1870, à la gare du Nord, un des ports de départ des ballons du siège. — Le ballon la *Ville d'Orléan* se gonfle à la lueur des lanternes. Le ciel est noir, le vent violent. M. Paul Rolier et M. Bézier montent dans la nacelle, où l'on a attaché des sacs de dépêches, et où l'on a placé une cage contenant six pigeons voyageurs. On est silencieux, on attend avec anxiété l'heure du départ. Après l'équilibrage de la nacelle, l'aérostat s'élève et disparaît dans l'atmosphère sombre.

Les deux voyageurs atteignent l'altitude de deux mille sept cents mètres; ils voient Paris qui s'éloigne; des villes, des villages qui se succèdent et que quelques lumières font apparaître d'intervalle en intervalle dans les bas-fonds de l'océan aérien. L'air se remplit de vapeurs denses; les aéronautes attendent non sans émotion l'apparition de l'aurore. Le soleil se lève enfin à l'horizon; les nuées inférieures deviennent opalines, semi-transparentes; elles se dissipent peu à peu. M. Rolier examine la surface terrestre; il y aperçoit indistinctement quelques taches blanches qui paraissent remuer. Il saisit sa lunette... Une sueur froide ruisselle tout à coup sur son front : ces taches mobiles sont formées par l'écume des flots, qui s'étendent à perte de vue vers tous les points de l'horizon. Le vent entraîne l'aérostat vers le centre de la mer du Nord.

Après de longues heures d'angoisse, quelques navires apparaissent à la surface océanique. C'est en vain que M. Rolier se rapproche du niveau de la mer ; c'est en vain qu'il y laisse flotter sa corde traînante et qu'il appelle au secours. Un des vaisseaux qu'il aperçoit court des bordées en s'efforçant d'atteindre le ballon ; un coup de canon retentit même à bord pour saluer les deux voyageurs aériens, leur donner confiance, et leur faire comprendre que des amis inconnus vont venir à leur aide. Mais l'aérostat est emporté au sein de l'atmosphère, bien plus vite que le vaisseau au milieu des eaux ; il s'éloigne peu à peu et tout espoir de salut semble s'évanouir. — Rolier se prépare à la mort ainsi que son compagnon ; il prend un des pigeons voyageurs qui lui ont été confiés, et attache à la queue de l'oiseau qu'il va abandonner une légère dépêche, écrite au crayon. Il l'adresse à la grâce de Dieu au gouverneur de Paris, pour envoyer à ceux qu'il aime et à sa patrie un adieu suprême.

Le brouillard, qui a disparu au lever du jour, se forme de nouveau ; en même temps la provision de lest contenue dans la nacelle s'épuise. Les aéronautes se voient obligés de recourir aux sacs de dépêches ; ils en jettent un tout entier à la mer, au moment où le ballon se met à descendre avec une vitesse considérable. — L'aérostat, débarrassé d'un poids de soixante kilogrammes, bondit dans la nue, et les courants supérieurs lui font continuer sa route vers le nord, à une hauteur de trois mille mètres, au milieu de nuées compactes, où d'abondantes paillettes de givre prennent bientôt naissance. — La formation de

ces cristaux de glace semble être le coup de grâce des
voyageurs ; la surface du ballon en est bientôt couverte ; un surcroît de poids considérable l'alourdit
sans cesse et l'entraîne fatalement vers l'Océan. C'en
est fait du navire aérien et de ses pilotes. Les nuages
s'éclaircissent cependant à des niveaux inférieurs,
l'Océan va apparaître. — Tout à coup M. Bezier fait
entendre un cri de stupeur, M. Rolier se penche en
dehors de la nacelle, il regarde. — Il aperçoit, non
pas l'étendue des vagues de la mer, mais une forêt
de sapins, blanche de neige, qui a succédé comme
par miracle à l'immense nappe d'eau de la mer. —
Les aéronautes regardent avec étonnement ce spectacle étrange ; mais la forêt de sapins s'approche,
grandit, prend des proportions énormes. — L'aérostat tombe au milieu d'une plaine couverte d'une
épaisse couche de neige, qui amortit le choc. MM. Rolier et Bezier sautent par-dessus bord ; l'un tombe
sur les mains ; l'autre bondit sur ses jambes, et lève
les bras avec stupéfaction en apercevant le ballon
la *Ville d'Orléans*, qui, ainsi délesté, repart seul dans
l'atmosphère.

Voilà nos voyageurs, sans armes, sans couvertures,
sans vivres, échoués sur une terre inconnue, au milieu d'un sol accidenté, situé sur le versant d'une
haute montagne. Une forêt de sapins s'offre à leurs
yeux ; un manteau de neige couvre partout le sol et
la végétation jusqu'à perte de vue. Après une longue
nuit passée en plein air, ils se mettent en marche et
arrivent enfin devant une cabane presque entière-
ment cachée sous la neige. — La porte de l'habitation
est entr'ouverte, elle est vite poussée du pied. Un feu
ardent flambe dans l'âtre, et des pommes de terre
cuisent dans une marmite. Malgré des appels réitérés,

personne ne répond. Mais les pommes de terre dégagent un fumet auquel ne sauraient résister des naufragés. Ils en mangent, Dieu sait avec quel appétit! Ils se réchauffent, et, par surcroît de bonheur, découvrent sur une planche un pot de lait aigre dont ils se désaltèrent.

Mais des voix se font entendre au dehors. Un homme entre dans la cabane en criant : « Clas! Clas! » Il est bientôt suivi du compagnon qu'il appelle ainsi. On jugera facilement de la surprise que les deux nouveaux venus éprouvent en apercevant les aéronautes attablés dans la cabane, ayant ôté leurs bottes qui sèchent au feu, et mangeant sans gêne les provisions de bouche. Le maître du logis lève les bras au ciel; Rolier lui répond par une mimique à laquelle il ne comprend rien. Cependant tout à coup l'un des hôtes paraît étonné en considérant les bottes des voyageurs; la forme de ces chaussures a attiré son attention. Il en prend une, l'examine, et lit sur la tige l'étiquette suivante : X..., fournisseur de l'impératrice, Paris.

« Paris! Paris! s'écrie-t-il, vo French? French? »

— Ya, ya, répond Rolier, Paris! Paris! Balloun, balloun, ajoute-t-il au même instant, en montrant la voûte du ciel et en abaissant le bras d'une façon expressive, pour indiquer l'action de la descente.

Après un accueil hospitalier, après avoir accompli en traîneau cinq relais et fait vingt heures de course, Rolier et Bezier arrivèrent à Kongsberg, d'où ils se rendirent à Drammen et trouvèrent l'agent consulaire français, M. Omsted. Le télégraphe fait connaître la descente du ballon la *Ville d'Orléans* dans toutes les villes de la Norvège, et désormais les voyageurs rencontrent partout sur leur passage une foule immense, sympathique, qui les salue avec enthousiasme.

L'ovation allait être encore plus touchante à Christiania; elle y fut si sincère, si sympathique, que son récit aura toujours le privilége de faire naître l'émotion, la joie, la reconnaissance dans le cœur d'un Français.

Les aéronautes arrivent dans la ville au milieu d'une foule considérable qui crie : « Vive la France ! » Ils se rendent à l'hôtel qui leur a été réservé, et bientôt une députation de dames est introduite et les acclame. — Des femmes du peuple veulent aussi voir les braves aéronautes et, tenant leurs enfants par la main, elles disent aux voyageurs : « Bénissez nos fils, pour que plus tard ils soient braves comme vous ! » Des jeunes filles se présentent avec des bouquets tricolores; des étudiants passent sous les fenêtres en chantant la *Marseillaise* et le *Chant du départ*.

Le soir, la ville de Christiania offre aux aéronautes français un banquet de quinze cents personnes. Au dessert, un chœur se fait entendre : on chante un hymne à la France, que vient de composer un poëte norvégien...

Rolier et Bezier quittèrent la Norvège le surlendemain. Au moment du départ, on remit aux voyageurs vingt-trois mille huit cents francs en faveur des blessés français.

G. TISSANDIER.

(*Tour du monde*.)

QUATRIÈME SÉRIE

LE RETOUR DU RÉGIMENT

1814

J'allais tous les jours voir Catherine ; elle m'attendait dans le verger, pendant que la tante Grédel préparait les gâteaux de la noce ; nous nous regardions des heures entières ; elle était fraîche et riante, elle embellissait tous les jours.

M. Goulden, mon patron, en me voyant rentrer le soir toujours plus content, me disait :

« Eh bien ! Joseph, cela m'a l'air d'aller mieux que du côté de Leipzig ! »

Quelquefois j'aurais voulu me remettre au travail, mais il m'en empêchait, disant :

« Bah ! les jours de bonheur sont si rares dans la vie ! Va voir Catherine, va ! Plus tard, si l'idée me prend aussi de me marier, tu travailleras pour nous deux. »

Il riait. Ah ! des hommes pareils devraient vivre cent ans. Quel bon cœur ! quel homme juste et simple ! c'était pour nous un véritable père !...

Mais à cette heure, je dois vous raconter une chose qui survint l'avant-veille de notre mariage, et dont le souvenir ne s'effacera jamais de ma mémoire. C'était le 6 juillet, les noces devaient avoir lieu le 8; toute la nuit, je n'avais fait que rêver de cela. Le matin, entre six et sept heures, je me lève; le père Goulden travaillait déjà, les fenêtres ouvertes. Je me lavais la figure, pensant à courir aux Quatre-Vents; mais voilà qu'un coup de trompette et deux coups de baguette de tambour retentissent sous la porte de France, comme lorsqu'un régiment arrive : les trompettes essayent leur embouchure, et les tambours donnent deux ou trois petits coups pour bien s'emmancher les baguettes. Rien que d'entendre cela, les cheveux m'en dressèrent sur la tête, et je criai :

« Monsieur Goulden, c'est le 6ᵉ !

— Eh! oui, dit-il, depuis huit jours toute la ville en parle, mais toi tu n'écoutes plus rien ; c'est le bouquet de la noce, Joseph, j'ai voulu te garder cette surprise ! »

Alors, je n'écoutai plus rien, je traversai la chambre comme le vent et je descendis d'un trait. Notre vieux tambour-maître, Padoue, levait déjà sa canne sous la porte sombre, les tambours arrivaient derrière en se balançant sur les hanches ; et plus loin le commandant Gémeau à cheval, les grands plumets rouges de nos grenadiers et les baïonnettes s'avançaient lentement : c'était le 3ᵉ bataillon. La marche commença et mon sang ne fit qu'un tour. Du premier coup d'œil je reconnus les longues capotes grises que nous avions reçues le 22 octobre 1813 sur les glacis d'Erfurt ; elles étaient devenues toutes vertes par la pluie, la neige et les vents. C'était pire qu'après Leipzig. Les vieux shakos avaient des trous de balles, le drapeau seul

était neuf, dans son bel étui de toile cirée, la fleur de
lis au bout...

Ah ! ceux qui n'ont pas fait campagne ne sauront
jamais ce que c'est de revoir son régiment, d'entendre les mêmes roulements de tambour qu'en face
de l'ennemi et de se dire : « Voici tes camarades qui
reviennent battus, humiliés, écrasés ! les voilà qui
penchent la tête avec une autre cocarde ! » — Non,
je n'ai rien senti de pareil. — Plus tard, beaucoup de
ces hommes du 6e, mes anciens officiers, mes anciens
sergents sont venus s'établir à Phalsbourg, où les
vieux soldats ont toujours été bien reçus... Ceux qui
m'avaient commandé à la guerre ont été mes cou-
vreurs, mes charpentiers, mes maçons.... Après
m'avoir donné des ordres ils ont dû m'obéir, car moi
j'avais un bon état, j'avais un commerce ; eux, ils
étaient de simples ouvriers ; mais c'est égal, en leur
parlant, j'ai toujours conservé le respect de mes anciens chefs, j'ai toujours pensé : « Là-bas, à Weis-
senfels, à Lutzen, à Leipzig, ces gens forcés de se
courber et de travailler péniblement pour faire vivre
leur famille, là-bas, à l'avant-garde, ils représen-
taient l'honneur et le courage de la France... »

... Ce qui me fait encore plaisir dans mes vieux
jours, c'est la manière dont le 6e fut reçu chez nous...
C'était une grande joie, tout le monde criait : « Vive
le 6e ! » Les enfants avaient couru jusqu'à la côte de
Saint-Jean à sa rencontre, et le bataillon n'avait été
reçu nulle part de cette manière depuis 1813. Plusieurs vieux en pleuraient, criant dans les rangs :
« Vive la France ! » — Malgré cela, les officiers bais-
saient la tête d'un air abattu ; seulement ils faisaient
signe de la main, comme pour remercier les gens
d'un si bon accueil.

Moi, sur le pas de notre maison, je regardais défiler ces trois ou quatre cents hommes, si déguenillés que je ne reconnaissais plus que notre numéro. Mais tout à coup je vis Zébédé — qui marchait en serre-file, — tellement maigre que son grand nez crochu lui sortait de la tête comme un bec ; sa vieille capote lui pendait en franges le long du dos ; mais il avait les galons de sergent, et ses larges épaules, osseuses comme un brancard, lui donnaient l'air solide. En le voyant, je fis un cri qu'on entendit par-dessus le roulement des tambours :

« Zébédé ! »

Il se retourna ; je lui sautai dans les bras, pendant qu'il posait la crosse à terre. Je pleurais comme un enfant ; lui, disait :

« C'est toi, Joseph ? Ah ! ça fait au moins qu'il en reste deux.

— Oui, c'est moi, lui dis-je, et je vais me marier avec Catherine ; tu seras mon garçon d'honneur... »

— ... Dans ce moment, le vieux fossoyeur arriva. Il avait toujours sa petite veste de velours jaune et son bonnet de coton gris. Il regarda derrière les rangs, où je causais avec Zébédé, et Zébédé, s'étant retourné, le vit ; alors il devint tout pâle. Ils se regardèrent un instant. Je pris le fusil, et le vieux embrassa son fils. Ils ne disaient rien et restèrent longtemps embrassés. Après cela, comme le bataillon faisait par file à droite pour aller à la caserne, Zébédé demanda la permission au capitaine Vidal d'aller avec son père, et remit son fusil au premier soldat. Nous partîmes ensemble pour la rue des Capucins. Le père disait :

« Tu sauras que la grand'mère est si vieille qu'elle

ne peut plus se lever du lit; sans cela elle serait aussi venue. »

Je les suivis jusque sur la porte et je dis :

« Vous viendrez dîner chez nous, père Zébédé, et toi aussi.

— Je veux bien, répondit le père; oui, Joseph, nous viendrons. »

Ils entrèrent alors chez eux, et je revins prévenir M. Goulden de mon invitation, ce qui le réjouit d'autant plus que Catherine et la tante Grédel devaient aussi venir.

Moi, je n'avais jamais été plus heureux qu'en pensant que mon meilleur ami, mon amoureuse et tous ceux que j'aimais seraient à la maison ensemble.

Ce jour-là, sur les onze heures, notre grande chambre au premier offrait un joyeux coup d'œil : le plancher bien récuré, la table ronde au milieu, couverte d'une belle nappe à filets rouges, et six gros couverts d'argent autour; les serviettes pliées en bateau dans les assiettes étincelantes; la salière, les bouteilles cachetées, les gros verres à facettes, tout brillait à la lumière du soleil, qui s'étendait par-dessus les caisses de lilas rangées au bord des fenêtres.

M. Goulden avait voulu que tout fût fait largement, grandement et magnifiquement, comme pour des princes et des ambassadeurs; il avait tiré de la corbeille son argenterie, chose tout à fait extraordinaire, et sauf le pot-au-feu, que j'avais surveillé moi-même, — où se trouvaient trois livres de bonne viande, une tête de chou, des carottes en abondance, enfin tout ce qu'il fallait, sauf cela, qu'on ne peut jamais avoir aussi bon à l'hôtel, tout le reste devait venir de la *Ville de Metz*, où M. Goulden était allé lui-même commander le dîner.

De sorte que, vers midi, nous nous regardions l'un l'autre, souriant et nous frottant les mains ; lui, dans son bel habit noisette, bien rasé, sa grosse perruque un peu rousse à la place du bonnet de soie noire, sa culotte marron bouclée proprement sur ses gros bas de laine, les souliers à larges boucles aux pieds ; et moi, dans mon habit bleu de ciel à la dernière mode, la chemise fine plissée sur le devant, et le contentement dans le cœur.

Il ne manquait plus que les convives : Catherine, la tante Grédel, le fossoyeur et Zébédé. Nous nous promenions de long en large, la figure riante, nous disant : « Tout est bien, tout est à sa place ; maintenant il faut dresser la soupière. » Et de temps en temps je jetais un regard dehors, pour voir si l'on venait.

Enfin, la tante Grédel et Catherine tournèrent le coin de Fouquet, —elles rentraient de la messe, le livre de prières sous le bras ; —et plus loin je vis le vieux fossoyeur dans son habit à larges manches, l'ancien chapeau à cornes en travers des épaules, et Zébédé, qui avait changé de chemise et s'était fait la barbe. Ils arrivaient du côté des remparts en se donnant le bras d'un air grave, comme des gens attendris, parce qu'ils sont tout à fait heureux.

Alors je dis : « Les voilà, monsieur Goulden ! »

Nous n'eûmes que le temps de verser le bouillon sur le pain déjà grillé, et de poser la grande soupière fumante au milieu de la table, ce qui se fit heureusement. Presque aussitôt Catherine et la tante Grédel entrèrent. Je vous laisse à penser leur surprise en voyant cette belle table. Nous nous étions à peine embrassés que la tante s'écriait :

« C'est donc aujourd'hui la noce, monsieur Goulden ?

— Oui, madame Grédel, répondit le brave homme en souriant — car les jours de cérémonie il l'appelait madame Grédel, au lieu de ma commère ou de mère Grédel, — oui, c'est la noce des bons amis. Vous saurez que Zébédé vient de revenir et qu'il dîne chez nous avec le vieux fossoyeur.

« Ah ! dit la tante, cela me fait plaisir. »

Et Catherine, devenue toute rouge, me dit tout bas :

« Maintenant tout est bien.... Voilà ce qui nous manquait pour être tout à fait contents. »

Elle me regardait en me tenant la main. Et comme nous attendions, quelqu'un ouvrit la porte ; le vieux Laurent, de la *Ville de Metz*, avec deux hauts paniers à anses, où les plats étaient rangés dans un bel ordre les uns au-dessus des autres, cria de l'allée :

« Monsieur Goulden, voici le dîner.

— Bon, bon, répondit M. Goulden, arrangez-nous cela sur la table vous-même. »

Laurent mit alors les petits radis, la fricassée de poulet, une belle oie grasse à droite, et à gauche le bœuf que nous avions nous-mêmes posé dans du persil ; il mit aussi un bon plat de choucroute avec de petites saucisses, près de la soupière, de sorte que jamais notre chambre n'avait vu de dîner pareil.

Dans le même instant, nous entendîmes le vieux fossoyeur et Zébédé monter ; le père Goulden et moi nous courûmes à leur rencontre, et M. Goulden, embrassant Zébédé, lui dit :

« Je suis content de te voir ! Oui, je sais que tu t'es montré bon camarade pour Joseph, au milieu des plus grands périls. »

Ensuite il serra la main du vieux fossoyeur en lui disant :

« Père Zébédé, je vous glorifie d’avoir un fils pareil. »

Et comme Catherine était arrivée derrière nous, elle dit à Zébédé.

« Je ne peux faire de plus grand plaisir à Joseph qu’en vous embrassant. Vous avez voulu le porter à Hanau, lorsque les forces vous ont manqué... Je vous regarde comme un frère. »

Zébédé, tout pâle, embrassa Catherine sans rien répondre, et nous entrâmes dans la chambre en silence, Catherine, Zébédé et moi ; le père Goulden et le vieux fossoyeur derrière. La tante Grédel arrangeait encore les plats, et aussitôt elle s’écria :

« Soyez les bienvenus ! soyez les bienvenus ! Ceux qui se sont rencontrés dans le malheur se retrouvent dans la joie. Le Seigneur étend ses regards sur tout le monde. »

Elle embrassa Zébédé, qui lui dit en souriant :

« Toujours fraîche et bien portante, madame Grédel ; c’est un plaisir de vous voir !

— Voyons, père Zébédé, mettez-vous ici, à la tête de la table, criait M. Goulden, tout réjoui ; et toi, Zébédé, là — que je vous aie à ma droite et à ma gauche ; — et plus loin, Joseph, en face de Catherine, près de Zébédé ; et madame Grédel, à l’autre bout, pour surveiller. »

Chacun était content de sa place ; Zébédé me regardait en souriant, comme pour me dire : « Si nous avions eu le quart d’un dîner pareil à Hanau, nous ne serions pas tombés au bord de la route ! » Enfin la joie et le bon appétit brillaient sur toutes les figures. Le père Goulden, devenu grave, enfonça la grosse poche d’argent dans la soupière, sous les yeux des convives ; il servit d’abord le vieux fossoyeur, qui ne disait rien et semblait attendri de ces honneurs ; ensuite son fils ; après cela Catherine, la tante Grédel, moi et lui. Et le dîner commença dans une sorte de recueillement.

Zébédé clignait de l'œil et me regardait de temps en temps d'un air de satisfaction. On déboucha la première bouteille et l'on emplit les verres. On but de ce vin ordinaire très bon ; mais il devait en arriver de meilleur, c'est pourquoi l'on attendit pour boire à la santé les uns des autres. On mangea une bonne tranche de bœuf. Le vieux fossoyeur disait :

« Voilà quelque chose de bon... c'est du bon bœuf ! »

Et comme il trouvait aussi la fricassée de poulet très-bonne, je vis que Catherine était une femme d'esprit, car elle dit :

« Vous saurez, monsieur Zébédé, que nous aurions invité votre grand'mère Marguerite, que je vais voir de temps en temps, mais elle est trop vieille pour se lever ; c'est pourquoi, si vous le voulez bien, puisqu'elle ne peut venir, qu'elle mange au moins un morceau avec nous, et qu'elle boive un verre de vin à la santé de son petit-fils. Qu'en pensez-vous, père Zébédé ?

— Justement, dit le vieux fossoyeur, je pensais à cela. »

Le père Goulden regardait Catherine les larmes aux yeux ; comme elle se levait pour choisir un morceau convenable, il l'embrassa, et j'entendis qu'il l'appelait sa fille !

Elle sortit avec une bouteille et une assiette. Pendant qu'elle était dehors, Zébédé me dit :

« Joseph, celle qui bientôt sera ta femme mérite tous les bonheurs ; ce n'est pas seulement une honnête fille, ce n'est pas seulement une femme qui mé-

rite l'amour, elle mérite aussi le respect, car elle a
de l'esprit qui vient du cœur. Elle a vu ce que mon
père et moi nous pensions devant ce bon dîner ; elle
a vu qu'il nous ferait mille fois plus de plaisir si la
grand'mère en avait sa part, et voilà pourquoi je
l'aimerai toujours comme une sœur...

Deux jours après eut lieu mon mariage avec Catherine, chez la tante Grédel, aux Quatre-Vents. M. Goulden représentait mon père ; j'avais choisi Zébédé
pour garçon d'honneur, et quelques anciens camarades, restés au bataillon, étaient aussi de la noce.

ERCKMANN-CHATRIAN.

(Waterloo.) Hetzel et Cie, éditeurs.

LES MUSICIENS D'ALSACE

Il existe quelque part en Bourgogne un hameau
bien retiré sur le penchant d'une colline, en face d'un
bois qui s'élève en amphithéâtre. A droite, une vallée se prolonge à perte de vue. Au milieu du hameau,
composé d'une dizaine de fermes éparpillées parmi
les arbres, se trouve une maison dont le toit s'avance
en auvent, à quelques pas d'un chemin bordé de
vieux tilleuls.

On est à la fin de juin 1875 ; il est midi ; la chaleur
est accablante ; quatre voyageurs se détachent au
haut de la colline, comme des points mouvants sur
la route poudreuse, puis, l'instant d'après, ils sont
cachés par les arbres.

Sous l'auvent est assise une centenaire, les mains

croisées sur ses genoux, aveugle et sourde, son menton remuant doucement et les yeux toujours clos. Près d'elle, une jeune femme d'une figure à la fois douce et sérieuse, épluche des herbes; son fils, un frêle garçonnet, nonchalamment appuyé sur un banc, laisse courir ses regards dans la vallée, où, çà et là, reluisent les faux : on fait les foins.

Tout à coup des accords de musique font relever vivement la tête au garçon et à sa mère. Les quatre voyageurs du haut de la colline étaient rangés en demi-cercle sous un des tilleuls du chemin. L'un, tout petit, disparaissait derrière un énorme ophicléide dont il tirait déjà quelques sons; un autre allongeait et repliait le bras en essuyant la tige de son trombone; le troisième, son cornet à pistons entre ses dix doigts, l'embouchure au bord des lèvres, guettait du coin de l'œil le signal du chef qui, de son côté, n'attendait plus que le trombone. Aux casquettes de drap bleu, aplaties d'un côté, aux cheveux blonds, aux visages blancs et roses des trois premiers, on les aurait pris pour des Allemands; mais le chef, dont l'allure fière, le teint bruni et la moustache effilée dénotaient un ancien soldat, laissait voir sur sa poitrine, chaque fois qu'il se tournait vers son orchestre, le ruban orangé de notre médaille militaire.

Ils devaient avoir faim et surtout avoir soif; mais lorsque le chef, après les premiers accords, emboucha bravement sa clarinette, en battant la mesure du pied, le cornet à pistons, le trombone et l'ophicléide ne se firent pas prier, et tous quatre, leurs joues gonflées d'air, jouèrent leur morceau, tout en regardant souvent du côté de cette maison si bien à l'ombre et d'un aspect confortable. Le soleil, pénétrant à travers les branchages du tilleul, faisait étinceler leurs instruments.

La centenaire pencha la tête et releva le bas de son bonnet afin de découvrir ses oreilles ; pour la première fois, depuis des années, il lui semblait de nouveau avoir entendu quelque son, puis elle fit un geste négatif et reprit son attitude immobile. La jeune femme écoutait moins qu'elle ne regardait son fils, qui, s'étant redressé, paraissait revivre. Il tenait fixés sur les musiciens ses yeux noirs brillants; ses tempes battaient, ses narines et ses lèvres frémissaient à de certains passages. — « Comme cette musique fait du bien à mon Louis ! » pensait la mère. Elle ne pouvait se rassasier de le voir ainsi transfiguré.

Le morceau terminé, les musiciens agitèrent leurs instruments et se consultèrent un moment du regard. Le chef allait reporter la clarinette à sa bouche, quand Louis se mit à regarder sa mère avec une insistance mêlée de reproche. Elle le devina, lui répondit par un sourire et, se levant, elle fit signe aux musiciens d'approcher. « Braves gens, leur dit-elle, comment pouvez-vous jouer par une chaleur pareille? On voit à la poussière qui blanchit vos vêtements que vous venez de faire une longue course. Entrez : vous devez avoir besoin de vous rafraîchir et de vous restaurer. Nous avons de bon vin clairet et des fromages. Soyez les bienvenus! Vous avez fait tant de bien à mon Louis ! N'est-ce pas, Louis?

— Mère, répondit celui-ci je mangerai avec eux. »

Les musiciens, après s'être à demi découverts, secouaient leurs vêtements. Les trois jeunes s'entre-riaient d'un air timide; mais le chef, faisant le salut militaire, s'avança résolûment et les autres le suivirent. Lorsqu'ils furent entrés dans la maison, la mère de Louis les fit asseoir, et remarquant que les yeux du chef se fixaient sur un képi de sergent accroché au mur, sous une branche de buis. « C'est, dit-elle, le képi de mon pauvre mari, mort pendant la guerre ! »— Puis, allant et venant par la cuisine, elle se mit à les servir. — Pendant qu'ils s'essuyaient le front de leurs mouchoirs, Louis approcha sa chaise de celle du plus jeune, le petit blondin qui jouait de l'ophicléide, et voulut lier conversation avec lui. « Karl ne sait pas encore parler le français, dit le patron ; c'est son premier voyage : il n'a que seize ans.

— Comme moi, répondit Louis.

— Voilà deux jours, continua le chef, qu'il a des cloches aux pieds et qu'il reste toujours un peu en arrière.

— Pauvre enfant ! dit la jeune veuve ; puis, d'un air craintif : « Êtes-vous des Allemands ?

— Non pas ! non pas ! Nous sommes Alsaciens. Mais aucun de nous ne rentrera plus au pays. Moi, fit-il en portant la main vers sa médaille, j'ai été musicien au 63ᵉ de ligne ; ces trois-là, aussitôt qu'ils ont eu seize ans, ont pris leur permis d'émigration pour ne pas être soldats en Prusse. Ils serviront la France.

— Moi aussi, je la servirai, dit Louis d'un air ferme ; je m'engagerai dans le régiment de mon père, dans le 50ᵉ de ligne.

— Il ne pense qu'à être soldat, dit la mère. Oh ! la guerre ! continua-t-elle. Mon mari avait fait son temps de service ; il était quitte. Mais quand la guerre est arrivée, il a voulu retourner à son régiment. « Le pays, disait-il, a besoin de tous ceux qui ont servi. » Nous vivions si heureux ensemble ! Et me voilà veuve, voilà cet enfant orphelin ! Je ne puis pas en vouloir à son père, pourtant : il a fait son devoir, n'est-ce pas? Je sens cela, quoique je ne sois qu'une femme. »

Elle se tut; puis avec un triste sourire : « Mais je vous empêche de manger! » Les jeunes gens venaient de déposer leurs sacs dans un coin.

« Est-ce que votre tournée dure longtemps? demanda-t-elle encore.

— Près de six mois. »

Elle eut comme une idée lumineuse : « Et votre linge, dans ces sacs, qui donc vous le lave?

— Nous-mêmes, répondit gaiement le chef, quand nous trouvons sur notre route clair ruisseau et chaud soleil.

—Savez-vous? reprit-elle; donnez-moi votre linge. Pendant que vous vous reposerez, j'irai promptement le laver, et, par ce soleil, il sera bientôt sec. Louis, qui vous aime comme s'il vous connaissait depuis des années, vous tiendra compagnie, et, bien sûr, vous lui ferez encore de la musique! »

L'Alsacien vida les sacs en un tour de main.

« Faites encore de la musique, lui dit-elle à part, je me figure que le voilà guéri! » Et elle sortit en emportant le linge.

« Eh bien, Karl, dit le chef, cela va-t-il mieux? » Puis, s'adressant à Louis : « Sa mère ne l'a laissé partir que bien à regret, mais il ne voulait pas être Prussien. »

Louis versa un plein verre à Karl.

Lorsqu'ils furent restaurés, Louis regardant avec admiration et tournant et retournant l'ophicléide et le trombone qu'il voyait pour la première fois, le patron dit quelques mots en allemand. Tous quatre prirent leurs instruments, et ils se mirent à jouer un air, tantôt plein d'abandon et d'entrain, tantôt mélancolique, tel que Louis n'aurait jamais imaginé qu'on pût rien ouïr d'aussi beau. Pour mieux savourer cette harmonie, il écoutait, la tête penchée, et fermait les yeux à demi. Au bout de quelques moments, il se leva, comme en sursaut, courut à sa trisaïeule, demeurée sous l'auvent, et, lui saisissant les deux mains, il les baisa coup sur coup. La vieille, gravement, sans témoigner de surprise, le caressa de la main. Il revint près des musiciens, les quitta de nouveau, voulut jeter un regard sur la forêt et sur la vallée, et rentra presque aussitôt. Volontiers, s'il n'eût craint de perdre une note, il eût couru jusqu'au ruisseau où lavait sa mère. Les pommettes de ses joues pâles étaient toutes rouges, ses grands yeux jetaient une flamme de joie.

Les Alsaciens ne se lassaient pas de jouer pour payer la bienvenue.

« Avant une demi-heure, dit la jeune femme en rentrant, votre linge sera sec ; le soleil mord dessus. Eh bien, Louis ? »

Mais Louis, au lieu de répondre, regardait obstinément, tantôt les coudes déchirés de la veste de Karl, tantôt sa mère. Elle rougit légèrement, ne sachant trop comment s'y prendre pour dire ce qu'il voulait lui faire dire : « On voit bien, dit-elle enfin, que nous autres femmes, nous sommes pourtant utiles. Tenez ! voilà votre jeune camarade dont la veste est trouée. Je vais lui en donner une de mon Louis. »

Et elle prit un veston, presque encore neuf, mais devenu trop court pour son garçon, qui avait grandi tout d'un coup, à preuve que le médecin attribuait sa maladie à sa trop prompte croissance.

Karl, jetant sa vieille veste, eut bientôt fait d'entrer

dans le veston de Louis, qui le contemplait d'un air triomphant.

Le linge étant sec et emballé : « Nous repasserons dans trois mois environ, dit le chef en prenant congé, merci ! et que Dieu vous tienne en santé !

— Oui, murmura la veuve, que Dieu me le conserve ! »

Louis, cependant, qui venait d'entr'ouvrir une armoire, serrait d'une façon significative la main de Karl, et Karl, tout ébahi, montra une pièce de cinq francs à son patron. Ce dernier voulut la rendre, disant que cela, c'était de trop, que l'on avait bien assez fait pour eux.

« Gardez-la, répondit la jeune femme ; Louis serait plus malade si vous lui refusiez. Ne manquez point de revenir par ici. » Puis, tout bas : « Si mon Louis alors est rétabli, vous nous verrez heureux ! »

Quand les musiciens furent partis, Louis se serrant contre sa mère : « A présent, dit-il, je vais bien me porter, et vous ne pleurerez plus penchée sur mon oreiller comme encore l'autre nuit. »

La mère, de peur de se laisser attendrir, le poussa doucement vers l'aïeule.

Cette centenaire, que la mort semblait avoir oubliée, achevait de vivre — si c'est là vivre — entre son arrière-petite-bru et l'unique enfant de son arrière-petit-fils. Sa parenté plongeait si avant dans le passé, qu'ils se trompaient quelquefois tous trois, en voulant nommer à la file tous ceux dont Louis descendait pourtant en droite ligne, et dont il ne restait aujourd'hui plus que lui, seule tige verte jaillissant d'un tronc desséché. Née peu de mois après la mort de Louis XV, la grande Révolution l'ayant trouvée mariée déjà, elle était une sorte de legs pieux que l'on se transmettait de père en fils dans cette même maison d'où, avant d'être aveugle, elle avait vu sortir bien des cercueils. On savait, par la tradition, que, jeune fille, elle aussi avait été belle, si belle que le trisaïeul, à lui seul, il est vrai, assez riche pour deux, l'avait épousée sans dot aucune. Puis enfants et petits-enfants s'étaient succédé, et avec eux les brus. La mère de Louis l'emportait sur toutes ses devancières par ses attentions et ses égards. Elle formait le vœu que son arrière-grand'belle-mère ne mourût point sous son règne ; à son tour, elle aurait désiré pouvoir la léguer à sa bru, à la femme de Louis. Mais, hélas ! forcée de constater la pâleur et la maigreur croissantes de son garçon, l'inertie, le mutisme de jour en jour plus profonds de la vieille mère, elle rentrait épouvantée en elle-même, et multipliait envers tous les deux ses soins, son amour.

Cependant nos Alsaciens parcouraient la France, tous quatre jouant ensemble, puis Karl allant de porte en porte. Ils passaient mainte nuit à la belle étoile ou dans les granges sur la paille, en rêvant à leurs grandes Vosges, aux moissons d'or de l'Alsace et au lointain clocher de la cathédrale de Strasbourg, qu'ils s'étaient montré tant de fois et qu'ils ne devaient plus revoir.

Les joueurs d'orgues de Barbarie, de clarinettes ou de cornemuses, ceux mêmes de vielles, les musiciens ambulants, enfin, croyez-vous qu'ils soient inutiles à la société ? Non, vraiment. Dans le cours de leur errante existence, ne sèment-ils point partout la joie ? Nous devons de la reconnaissance à ces porteurs d'harmonie. Comme le soleil levant illumine et enchante la terre, un pauvre musicien enchante un pauvre hameau. Il est encore des villages reculés dont les habitants ne connaissent guère que le clocher qui a carillonné à leur baptême. Si le curé leur parle de Dieu et du devoir d'un chacun, le musicien ambulant ne leur fait-il pas sentir quelque chose de la poésie du beau? Ces grandes idées, qui seules font l'homme ou le relèvent, elles pénètrent, lentes et confuses peut-être, mais sûrement, dans l'âme neuve du paysan.

Donnez un sou au pauvre musicien qui passe! Il l'a bien gagné! — Suivons plutôt nos quatre Alsaciens.

A peine sont-ils arrivés dans un village et ont-ils fait retentir leurs premiers accords, que choses et gens semblent se réveiller dans une vie nouvelle. Battant dans leurs petites mains en signe d'allégresse, ce sont d'abord les enfants qui accourent, s'amassent et leur font cortège, tandis que, des deux côtés de la rue, les portes, les fenêtres s'ouvrent, encadrant femmes et jeunes filles, la plupart joyeuses, quelques-unes attendries, selon leur tempérament. Les scieurs de long arrêtent la scie, le forgeron dépose son marteau, le menuisier sa varlope et la civière demeure immobile entre les deux porteurs qui écoutent. Ainsi qu'un courant électrique, la joie a effleuré, réjoui tous les fronts. Que de peines calmées, de souffrances un instant guéries! des ennemis réconciliés peut-être!... Qui donc, depuis nos revers surtout, marchanderait dans ces moments son dévouement à la patrie? Quelles fières espérances, quelles généreuses résolutions naissent dans tous les cœurs!... Voyez, la musique a passé; on s'aborde : il semble qu'il n'y ait plus au monde que de bons citoyens et des amis! Ce fluide de paix fraternelle, d'enthousiasme et d'amour, est-ce donc rien?... Cependant, au bout de l'année, ces pauvres gens rentrent dans leur chaumière quand il leur en reste une, avec quel bénéfice?

Donnez un sou au pauvre musicien qui passe!

Après que, trois mois durant, nos compagnons eurent cheminé, ils s'arrêtèrent, par un beau jour d'octobre, devant la maison que nous connaissons. Ils en avaient souvent causé entre eux : cette jeune femme touchante, son garçonnet maigre et si pâle, puis le veston, puis aussi cette bonne lessive, cette bonne pièce de cent sous, tout cela leur avait rendu chère la maison à l'auvent, et elle était restée bien présente à leur esprit. Pour avoir parcouru tant de pays, il n'y avait pourtant point de confusion dans leurs souvenirs : un bienveillant accueil éclairait seul la demeure hospitalière, et ils ne se rappelaient pas les autres.

Midi vient de sonner. La forêt, en face, montre ses teintes jaunissantes. La vallée est lumineuse encore, mais le regard n'y enfonce plus aussi avant qu'en juin, un voile bleuâtre en dérobant la profondeur. Heureux de revoir ce logis, les musiciens se sont rangés en demi-cercle sous le tilleul, et ils commencent à jouer leur valse la plus joyeuse, non sans jeter sous l'auvent des regards de connaissance.

La centenaire y est assise, les mains croisées sur ses genoux. Elle vient de pencher la tête et, tout comme il y a trois mois, elle fait le geste de découvrir ses oreilles, après quoi, son menton seul remuant toujours, elle reprend son attitude immobile. A ses côtés est assise la jeune veuve ; une mèche de cheveux gris pend sur son fichu noir. La mère de Louis a entendu, et de grosses larmes, les premières qu'elle ait pu verser depuis longtemps, roulent le long de ses joues amaigries.

Les musiciens s'étant arrêtés court, elle se leva, leur fit signe, et ils approchèrent lentement. « Soyez les bienvenus, dit-elle en les invitant à entrer. Asseyez-vous ! » Et elle leur servit du vin clairet et des fromages, en prenant soin d'essuyer ses larmes qui tombaient sur les assiettes. Tristes, silencieux, les quatre Alsaciens ne se sentaient plus ni faim ni soif. Quand ils se furent levés pour repartir, elle mit dans la main de Karl deux pièces de cinq francs. « Une pour moi, dit-elle, et l'autre pour *lui*. Il est là-bas, dans ce ce petit cimetière qu'on voit d'ici. »

Tous quatre ôtèrent leurs casquettes, mais ils ne trouvaient rien à dire. Leurs yeux étaient rouges; Karl sanglotait. « Adieu! » firent-ils, et ils s'en allèrent.

Arrivés en face du cimetière, ils s'arrêtèrent, et lentement, en sourdine, ils jouèrent une marche funèbre. Le mur d'une vieille chapelle renvoyait les sons qui se répandaient en modulations étranges au travers des tombes et de l'herbe haute. La marche finie, se retournant vers la maison en deuil où la mère de Louis n'apparaissait plus, ils ôtèrent encore tous quatre leurs casquettes, puis ils disparurent.

Camille Fisté.

LE LEGS D'UNE LORRAINE

Je me sens bien lasse et ne vivrai guère
Passé la moisson... Mon mal est trop fort,
Et ce que j'ai vu dans ces temps de guerre,
Enfant, m'a donné le coup de la mort.

Tu n'as pas dix ans, toi, mais à ton âge
Les yeux sont ouverts et l'on se souvient.
Je vais te montrer, petit, l'héritage
Trop lourd pour mes bras, et qui t'appartient.

Viens, allons d'abord vers ce champ de seigle :
Les nôtres y sont morts, assassinés
Par ces loups prussiens au front ceint d'un aigle ;
Là dorment ton père et tes deux aînés.
Ce qu'ils défendaient contre cette bande,
C'était leur maison, leur terre et la loi !
L'herbe sur leur corps a poussé plus grande...
Regarde, mon fils, et rappelle-toi !

Viens dans ces prés verts, tout bordés d'aunée ;
Là fut une ferme aux hôtes nombreux,
Et l'on y voyait encor l'autre année
Des vergers en fleur et des gens heureux...
Regarde à présent : seule, la couleuvre
Habite ces murs qu'a noircis le feu.
La Prusse a passé par là... Voici l'œuvre
De ceux qu'on nommait les soldats de Dieu.

... Ils sont encor là, l'œil plein de menaces...
Leur odeur maudite imprègne nos seuils,
Leur musique joue au cœur de nos places,
Et leur rire épais insulte à nos deuils.
Les voici, mon fils!... Parlons bas. — Écoute
Leur galop qui met la rue en émoi,
Et leurs sabres lourds traînant sur la route...
Ecoute, regarde, et puis souviens-toi !

Souviens-toi!... Vois-tu cette longue file
De chariots poudreux et de voyageurs ?
C'est tout un village, enfant, qui s'exile
Pour ne pas manger le pain des vainqueurs.

Pauvres gens! ils vont chercher la patrie
Loin des champs aimés où fut leur maison.
Regarde et jamais que ton cœur n'oublie
Ce convoi qui fuit, triste, à l'horizon.

Mets ces souvenirs en toi comme un germe.
Le jour, au soleil ; la nuit, en rêvant,
Nourris-en ton âme et travaille… Enferme
Dans un corps de fer l'esprit d'un savant,
Afin que ton corps, comme ton courage,
Soit prêt pour le jour qui doit nous venger…
C'est mon legs, petit, c'est ton héritage,
Le seul que nous ait laissé l'étranger.

Quand luira ce jour du réveil?… Personne
Ne peut le savoir… Mais sûr il viendra!
Des mers de Bretagne aux forêts de l'Argonne
Un cri de colère alors montera…
Comme un jeune vin au fond des futailles,
Tous ces souvenirs en toi gronderont,
Et tu t'en iras aux grandes batailles,
La sagesse au cœur et l'audace au front.

Nous ne verrons pas ce jour des revanches,
Nous ; nos yeux seront depuis longtemps clos,
Et depuis longtemps sur nos pierres blanches
Le vent secouera l'herbe des tombeaux ;
Mais nous entendrons votre cri de guerre,
Et quand, tout fumants d'un juste courroux,
Vous nous vengerez, au fond de la terre
Nos os dormiront d'un sommeil plus doux.

Juillet 1871.

ANDRÉ THEURIET.

PARIS EN FÊTE

Un murmure interminable et confus monte jusqu'à moi : des voix, des pas, des roulements de voitures, parfois de lointains grondements solennels. Quand je lève les yeux, j'aperçois sur le fond lumineux du ciel de juin les milliers de drapeaux tricolores qui pavoisent les maisons, des boutiques jusqu'aux combles.

Paris est en fête.

Je sors pour me joindre à la foule : si j'ai pris ma part des douleurs de la France, je veux prendre aussi ma part de ses joies.

A peine ai-je mis le pied sur l'asphalte que le courant m'emporte : courant d'hommes, de femmes, d'enfants qui sort des profondeurs du faubourg Saint-Marceau, comme un grand fleuve roulant ses eaux au soleil.

Rien que le spectacle de ces hautes maisons où flottent partout les couleurs de la Patrie, de ces rues larges, uniformes, grandioses, de cette foule en habits de fête suffit pour mettre la sérénité dans mes pensées et la paix dans mon cœur. Je m'oublie moi-même ; le sentiment de la fraternité nationale et chrétienne m'envahit ; parmi ces millions de citoyens de la France, je ne suis plus à mes yeux qu'un citoyen. Je marche avec fierté sur ce sol que nos ancêtres ont cultivé et défendu et que nous saurons, nous aussi, cultiver et défendre ; j'élève avec confiance mes regards vers cette voûte du ciel où nous irons chercher comme eux des inspirations généreuses et viriles.

Les vers du poëte montent spontanément à mes lèvres du fond de ma mémoire :

> Je savourais l'azur, le soleil éclatant,
> Paris, les seuils sacrés, et la Seine qui coule,
> Et cette auguste paix qui sortait de la foule.
> Le Panthéon brillait comme une vision.
> La gaîté d'une altière et libre nation
> Dansait sous le ciel bleu, dans les places publiques ;
> Un rayon qui semblait venir des temps bibliques,
> Illuminait Paris calme et patriarcal.

Parfois les accents clairs et vibrants d'une musique militaire percent la grande rumeur confuse. La foule s'arrête. Une forêt de baïonnettes s'avance par une rue transversale ; les voix des clairons s'envolent jusqu'au ciel et nos âmes y montent en chantant avec elles. Derrière les clairons, droit et fier sur son cheval de guerre, passe un colonel au visage grave, à la tournure martiale ; puis, allongeant le pas sur la mesure accélérée et joyeuse de la fanfare, viennent nos jeunes soldats, l'œil hardi, le visage bruni par le soleil, ardents et forts à faire battre d'orgueil le cœur des vieillards. Bretons, Lorrains, Gascons, Provençaux, serrés autour de leur drapeau qui flotte à la brise d'été, tant leur marche est rapide, ils s'en vont là-bas, au champ de Mars, faire à nos hôtes les honneurs de la patrie.

Salut à vous, fils de la terre féconde en vignes et en chênes, fils de la vieille terre de France ! Paysans et bourgeois de la plaine, bûcherons et pâtres de la montagne, robustes et indomptables travailleurs, noirs encore de la poudre de nos forges et de nos houillères ! Salut à vous, soldats, notre orgueil et notre espérance ! Que Dieu vous garde ! qu'il fortifie vos cœurs et ceigne vos reins pour les luttes de l'avenir !

Eux passés, le flot populaire reprend son cours. Et toujours ce sont les mêmes fenêtres pavoisées, toujours la même foule, pacifique, puissante, innombrable. Le soleil, qui descend vers l'horizon, projette par les rues latérales, dans l'ombre du boulevard, de longs rayons de lumière. Au loin, nos vieux monuments nationaux dressent dans le ciel leurs fronts couronnés des sereines clartés du soir.

Du haut de ces tours et de ces dômes consacrés par l'histoire, la France des anciens jours semble contempler la France des jours nouveaux et rendre, elle aussi, témoignage à notre constance et à nos efforts.

Je crois les voir, ces témoins solennels, surgir du fond des siècles. Sur le dôme du Panthéon plane l'image de cette Geneviève, fille du peuple et pastoure comme Jeanne d'Arc, qui sauva le berceau de la France des torches d'Attila. Au-dessus de la vieille Sorbonne, c'est la pâle figure de Richelieu, le ministre patriote qui donna l'Alsace à la France. Du palais des Thermes s'élève Clovis, entouré de ces évêques gaulois dont la reconnaissance populaire fait encore rayonner les images aux vitraux de nos cathédrales. A mesure que j'avance, les souvenirs se multiplient et se pressent. Ici, sur les bords de la Seine, c'est Eudes, fils de Robert le Fort, avec les Parisiens du ixe siècle, repoussant les assauts des rois de mer scandinaves. De ce palais partit Philippe-Auguste pour aller, l'oriflamme en tête, avec ses chevaliers et ses communes, remporter sur l'empereur d'Allemagne, à Bouvines, notre première victoire nationale. Cette sainte Chapelle monta vers le ciel, comme un hymne de foi et d'amour, sous les yeux mêmes de saint Louis ; le bon roi, au sortir de ses audiences rustiques au bois de Vincennes, y vint bien des fois prosterner sa tête loyale et vaillante. Les voûtes de Notre-Dame frémissent encore de l'écho lointain des *Te Deum* de victoire : François de Guise y remercia Dieu d'avoir repoussé des murs de Metz l'empereur Charles-Quint et les armées de l'Allemagne ; Condé y suspendit les drapeaux de Rocroy, de Fribourg et de Nordlingen, et Turenne ceux qu'il conquit dans son immortelle campagne d'Alsace.

Voici l'hôtel de ville et la place à jamais sacrée, où les hommes de 89, Bailly et Lafayette à leur tête, arborèrent pour la première fois ce drapeau aux trois couleurs qui devait conduire à la victoire les soldats de Jemmapes, de Fleurus, de Zurich, de Marengo, d'Austerlitz et d'Iéna, et qui brille encore au-dessus des peuples du monde, comme une aurore de résurrection et de liberté.

Je n'en finirais pas avec ces souvenirs : ils montent et montent toujours, et planent autour de moi dans la rougeur calme du soir. Cette évocation des ancêtres exalte mon imagination et donne pour moi, à la fête, une majesté religieuse.

Cependant la pourpre de plus en plus sombre qui teignait le faîte des édifices, s'est effacée et l'ombre s'est répandue sur la ville. Pendant que la première étoile tremble vaguement dans le ciel, les longs cordons de gaz commencent à briller dans la verdure des Champs-Elysées. L'arc de triomphe découpe à son tour en lignes de feux sa silhouette colossale sur l'horizon. Aux fenêtres et sur les façades les feux se mêlent aux drapeaux. Bientôt c'est une scène fantastique que

nul homme avant nous n'a pu voir qu'en rêve : la
ville immense semble embrasée.

> Les passants, éclatant en strophes, en refrains,
> Ayant leurs doux instincts de liberté pour freins,
> Du Louvre au champs de Mars, de Chaillot à la Grève,
> Fourmillent...

Je gagne les quais et franchis les ponts à travers
cette foule toujours renouvelée et toujours semblable :
fendant les groupes au trot de leurs chevaux blancs,
les lourds omnibus grondent sur le pavé ; les bateaux
à vapeur filent en sifflant sur la Seine, qui miroite
sous les ondées de lumière ; les voitures énormes des
tramways glissent sans bruit sur les rails, emportant
leur monde de voyageurs. Çà et là passe une caval-
cade de gardes de Paris, casque en tête, hauts en
selle sur leurs vigoureuses montures, représentants
impassibles de la force publique et de la loi. Les cau-
series animées, les interpellations joyeuses, les excla-
mations, les brusques clameurs, les éclats de rire
jaillissant à la fois de mille poitrines, forment un
tumulte grandiose. Dans l'air planent des accords
lointains d'instruments de cuivre ou des lambeaux
de nos vieux chants de guerre, et de temps en temps,
apportés comme sur des ailes par une phrase musicale
éclatante, les mots de patrie, de victoire, de France,
de liberté caressent l'oreille en passant et s'éteignent
dans le murmure profond de l'océan populaire.

Enfin je gagne les quartiers plus paisibles de la
rive gauche : la foule décroît, les voitures cessent de
gronder ; mais de toutes les fenêtres encore ruisselle
la lumière et, devant chaque maison, dans l'embrasure
de chaque porte, stationnent des groupes joyeux et
retentissent de gais propos et des rires.

Je vais plus lentement ; mon imagination se calme
et dans mon esprit fatigué, bercé par la marche et le
bruit, les vers du grand poëte recommencent à chanter leur mélopée large et solennelle :

> Et j'allais, et mon cœur chantait ; et les enfants
> Embarrassaient mes pas de leurs jeux triomphants,
> Où s'épanouissaient les mères de famille ;
> Le frère avec la sœur, le père avec la fille
> Causaient ; je contemplais tous ces hauts monuments
> Qui semblent au songeur rayonnants ou fumants
> Et qui font de Paris la deuxième des Romes ;
> J'entendais près de moi rire les jeunes hommes,
> Et les graves vieillards dire : « Je me souviens ! »
> — O patrie ! ô concorde entre les citoyens ![1]

A. ADAM.

POUR L'INDÉPENDANCE DE LA PATRIE

Dans le temps, quand l'Ukraine était une république, elle se trouvait, comme on dit chez nous et
ailleurs peut-être, placée entre deux feux : la grande
Russie et la Pologne. On pourrait même dire entre
quatre feux, si l'on comptait les Turcs et les Tartares.
A la fin, ne pouvant s'entendre avec les Polonais,
cette république avait accepté les « fraternelles » pro-
positions de la Russie.

« Nous sommes trop faibles pour lutter encore
avec nos voisins ; nous avons jusqu'ici soutenu la
guerre glorieusement, c'est vrai ; mais nous finiron par

1. Les vers cités dans ce morceau sont tirés des *Contemplations*, de
Victor Hugo

être écrasés. La Russie nous propose une alliance, acceptons-la. »

— C'est ainsi que pensait le vieux chef Bogdan Khmielnitski, et le peuple l'avait écouté.

Au commencement tout alla bien. Egalité, fraternité, liberté, les Russes respectaient tout cela ; mais peu à peu les choses changèrent.

Au bout de moins d'une année, le peuple avait mille raisons de dire à son chef Bogdan : « Qu'avons-nous fait ? »

Le vieux Bogdan, entendant ces choses, pleura, dit-on, pour la première fois de sa vie.

« Tâchons d'y remédier, dit-il après ; mais il n'y réussit pas et mourut de chagrin.

Après sa mort, l'Ukraine eut à subir bien des épreuves. Elle se divisa en deux camps, les uns étaient encore pour la Russie, les autres tenaient pour la Pologne. — Un troisième parti s'était formé. Celui-là était pour l'indépendance; malheureusement il n'était pas nombreux. . . . .

. . . Le trouble régnait partout. Le pays, fatigué, tiré dans un sens par les Russes, dans un autre par l'aristocratie polonaise, écrasé des deux côtés, le pays était en pleine révolte et regrettait amèrement son indépendance perdue. L'Ukraine était envahie par des troupes russes. Le chef du parti moscovite était comblé des faveurs et des présents du tsar ; le chef du parti polonais s'était fortifié dans la ville de Tchiguirine et invitait tous les amis de la liberté à venir se joindre à lui.

De quel côté aller ?

Les temps étaient difficiles, bien difficiles. Les yeux les plus secs d'ordinaire versaient des larmes, et les têtes les plus sages tournaient.

II

Il y avait réunion chez Danilo Tchabane. La soirée était sombre, les hôtes pensifs et silencieux. Les maîtres eux-mêmes avaient peine à sourire. On se regardait plus qu'on ne parlait. Il était visible que tout ce monde avait le même souci.

De temps en temps on posait une question :... Les murs de Tchiguirine étaient-ils solides? Savait-on s'il se présentait beaucoup de volontaires?

Tandis que les hommes parlaient, les femmes écoutaient anxieusement. Et quand les hommes se taisaient et fumaient, elles échangeaient à voix basse quelques paroles.

« Encore une bataille près de Wilika, disait l'une.

— Combien de tués, demandait Moghila?

— On a incendié Terny, les maisons ne sont plus que cendres et le village de Krinitz brûle encore.

— Savez-vous, dit une jeune fille, savez-vous si... »

Mais elle ne put achever, ses lèvres pâlirent, de grosses larmes voilèrent ses yeux, ses dents serrées par l'angoisse ne purent pas se rouvrir.

Une vieille femme coiffée d'un mouchoir brun, d'où s'échappaient des flots de beaux cheveux gris, au visage froid et rigide, dans lequel deux yeux noirs étincelaient comme des étoiles, dit :

« Les miens sont tous morts. Je suis seule au monde. Ils disaient tous : « Nous allons nous battre, » et je les regardais : « Oui, mes enfants, » et ils ajou-

taient : « L'Ukraine reconquerra son indépendance, »
et j'avais répondu encore : « Oui, mes enfants ! »
Tous les trois sont restés sur le champ de bataille,
et l'Ukraine n'est pas libre.

— Ah ! disait une jeune femme, si encore on pouvait se dire : « Je meurs, mais je laisse aux autres
ce que je cherchais. »

La vieille femme l'interrompit :

— Tu ne m'as pas comprise. Quand il s'agit de la
patrie, on ne marchande pas, on ne se dit pas :
« Réussirai-je ? » — Mais : « C'est mon devoir ! » et
on se jette dans la mêlée ! Si on est tué, on est bien
mort ; c'est un meilleur sort que de mal vivre. Les
miens ont agi ainsi, que Dieu ait leur âme. Si c'était
à recommencer, ils recommenceraient.

—Vous avez raison, vous avez raison, » dirent plusieurs femmes. D'autres ne disaient rien qui se mirent à pleurer. Les enfants mêmes étaient soucieux.
Ils ne jouaient pas, ils ne criaient ni ne riaient,
mais se tenaient respirant sans bruit dans les coins,
tout en observant les figures des grands et en écou-
tant leurs discours...

La nuit vint et les étoiles étincelèrent.

Tout à coup on frappa à la fenêtre... Danilo entr'ouvrit la porte : « Qui frappe ici ? » demanda-
t-il.

Une voix répondit, une voix ferme et mâle, qu'un
voyageur égaré demandait l'hospitalité.

« Soyez le bienvenu, » dit Danilo, et il ouvrit la porte
toute grande en invitant le voyageur à entrer...

Sur le seuil apparut un homme de grande taille,
de si grande taille qu'il fut obligé de baisser la tête
pour entrer.... Son visage était un de ces nobles
visages sur lesquels les regards les plus insouciants

s'arrêtent avec un sentiment soudain de respect.
Chacun est obligé de se dire en les regardant : « Cet
homme doit être un homme entre tous les hommes ! »
Sa haute taille était élégante et souple. Toute sa
personne respirait le calme et la force ; mais jamais
diamants, étoiles ou éclairs n'eurent tant d'éclat
que les yeux noirs qui répandaient autour de lui la
lumière.

Maître Danilo et ses amis... reçurent le voyageur
comme tout voyageur doit être reçu dans une honnête maison, avec cordialité et prévenance. On le
plaça près d'une table et on s'empressa de lui offrir
quelques rafraîchissements.

Le voyageur se montra simple, modeste, poli et
réservé... Il ne questionnait pas, il répondait. S'il
causait, c'était des choses qui, dans un tel moment,
occupaient tout le monde : des désastres du pays,
des villes brûlées, des champs dévastés qu'il avait
vus sur sa route.

Maître Danilo et ses amis imitèrent sa réserve.
Ils se demandaient probablement d'où il venait, où il
allait, et aussi dans quel pays il était né, mais puisqu'il ne le disait pas, ils ne le lui demandaient pas.
On voyait bien que, quoique jeune encore, il connaissait beaucoup de choses : les mœurs turques,
les coutumes polonaises, le caractère russe, les
usages tartares... Quant à l'Ukraine, il était évident
qu'il l'avait parcourue dans tous les sens, qu'il avait
visité, habité peut-être les grandes villes aussi bien
que les villages et les petites campagnes. Plus d'un
s'était interrogé aussi sur la balafre qu'il avait sur
la joue gauche : où avait-il reçu, gagné cette belle
blessure, faite bien certainement par une arme tran-
chante ? Cela ne regardait que lui. A chacun ses

secrets. — Cependant le voyageur, rassuré sans doute par l'accueil qu'il recevait, devenait de lui-même plus expansif. Il décrivit avec une saisissante vigueur les batailles qui venaient d'avoir lieu. C'était à croire qu'on y prenait part avec lui. On l'écoutait, n'osant plus respirer. Les hommes, habituellement si impassibles, s'enflammaient; les femmes s'écriaient et sanglotaient. Les enfants, ayant perdu toute envie de dormir, étaient suspendus à ses lèvres.

Tout à coup on entendit deux coups de feu, puis plusieurs autres encore; après un court intervalle, d'autres succédèrent.

On s'était tu. On prêtait l'oreille. Les coups partaient de la steppe. On écouta longtemps, mais le silence s'était refait.

« Eh quoi! la poudre parle même dans vos paisibles campagnes? dit alors le voyageur.

— Cela doit venir du côté du grand chemin de Tchiguirine, dit Andry Krouk.

— Cela est venu de tous les côtés successivement, dit Danilo en remuant la tête. »

Il se faisait tard, les femmes se levèrent pour retourner à leurs maisons... Toute la société se dispersa par les sombres sentiers et disparut. Les deux intimes, Andry Krouk et Sémène Voroschilo restèrent seuls avec Danilo. Le voyageur resta aussi.

« Y a-t-il moyen d'arriver jusqu'à Tchiguirine? demanda le voyageur. — Sa voix avait baissé en faisant cette question, ainsi qu'il arrive involontairement quand on sent que le danger peut être plus près de vous qu'on ne veut le dire.

— Cela doit être difficile, répondit maître Danilo... »

Les yeux du voyageur se fixèrent un instant sur la figure impassible de maître Danilo, puis sur les figures non moins impassibles de ses deux amis. Un seul regard de ses yeux pénétrants suffit pour leur apprendre quelle habitude des épreuves il avait, quel mépris du péril et aussi quelle adresse à parer au besoin les coups que pouvait lui porter la fortune.

Cette muette confidence faite :

« Et pourtant, dit-il, il faut que j'y arrive, et par le plus court, et tout droit.

— Tout droit à Tchiguirine ? répondit Andry Krouk, pour le moment le corbeau lui-même n'y arriverait pas.

— Est-ce encore loin ? demanda le voyageur...

— Tous les chemins sont coupés, répondit Voroschilo.

— Et le passage de Gouna ?

— Occupé et mis en état de défense par les Moscovites. »

Le voyageur se mit à réfléchir, non aux difficultés, mais aux moyens d'arriver à son but.

P.-J. STAHL.

(Extraits de Maroussia). Éditior Hetzel.

LA LETTRE DE CRIMÉE

Vers le milieu de l'année 1855, Daniel passa sergent, et le cousin reçut à cette occasion une lettre qu'il lut à Beauvais, au dessert, pendant que Denise était allée étendre du linge au verger. Cette lettre était toute belliqueuse. Daniel y racontait sa vie de bivouac et y faisait le récit d'un jour de bataille, quand dès l'aube on est réveillé par l'air de la diane et les sourds grondements du canon : « Chacun prend son fusil et son sac, disait-il, et en marche ! — On avance dans le crépuscule ; on entend les commandements brefs et accentués qui se répètent et courent dans les rangs ; les aides de camp volent d'un régiment à l'autre ; les troupes prennent des directions ; nos chefs nous haranguent avec quelques mots énergiques. Bientôt le bruit du canon devient plus nourri, et puis les clairons sonnent, les musiques jouent de vieux airs nationaux qu'on n'entend plus qu'aux jours de bataille et qui font bouillir le sang aux plus peureux, et aux roulements des tambours, à travers la fumée, le régiment enivré par l'odeur de la poudre, frémit tout entier. — En avant !... On n'est plus Pierre, Jacques, Daniel ; on est la France, chacun pour une parcelle !... On regarde le bras du chef qu'on n'entend plus, on dit de l'œil bonjour à ses camarades, et on est parti... Cela dure parfois tout le jour. Et ainsi jusqu'au soir, où, la bataille finie, on apprend que la victoire est à nous et qu'on est nommé sergent, car je suis sergent, mon cousin, depuis hier. Ce qui est triste, c'est qu'au retour, sous la tente, le nombre des camarades de la veille est diminué, cela vous serre le cœur ; mais d'autres sont là, on cause, on cause, et on s'endort harassé. Voilà, mon cousin, et ma chandelle est à bout. A vous, cher cousin, de tout cœur ! »

Comme l'abbé achevait sa lecture, Denise rentra : « Voilà un gaillard qui a des moustaches ! s'écria Beauvais ; Denise, lis un peu cette lettre, lis-la haut, je l'entendrai volontiers deux fois. » Et Denise lut lentement de sa jolie voix nette et bien timbrée... Quand elle fut arrivée à la fin, elle garda le silence et remit la lettre au cousin. « A son retour en France, dit Beauvais, il faudra que vous lui écriviez de venir chasser avec moi, car il doit aimer la chasse, ce garçon-là ! » Denise, toujours silencieuse, pliait du linge sur la table. Beauvais sortit, et l'abbé alla lire son bréviaire...

Denise n'avait rien dit, mais elle avait beaucoup pensé à la lecture de cette lettre toute résonnante des bruits de la guerre. Elle repassait dans sa mémoire le fier et joyeux langage du pupille de l'abbé, et elle essayait de se le représenter assis sous la tente et fourbissant ses armes, ou bien guêtré, le sac au dos, la baïonnette croisée, s'élançant à l'ennemi. Elle pensait encore à lui, au soir, lorsque après souper elle vint s'accouder au petit mur du verger, d'où l'on voyait la verte vallée de l'Égronne jusqu'à Pressigny.

André Theuriet.

(L'Abbé Daniel.)

LA COCARDE

Ma cocarde a les trois couleurs,
Les trois couleurs de ma patrie.
Le sang l'a bien un peu rougie.
La poudre bien un peu noircie ;
Mais elle est encor bien jolie,
Ma cocarde des jours meilleurs.

Que j'ai fait de route avec elle,
Toujours content et jamais las !
Que j'ai combattu de combats !
Ils la connaissaient mes soldats !
Ah ! bien des cocardes n'ont pas
Ruban si beau, couleur si belle !

Et maintenant d'où je la tiens?
C'est presque un roman, son histoire !
Dieu me garde d'en faire gloire !
Mais elle était, on peut m'en croire,
Elle était sous sa tresse noire :
Je l'ai vue et je m'en souviens.

C'était après trois jours de marches !
Nous arrivions transis de froid,
Cherchant l'auberge de l'endroit ;
Mais elle alors nous aperçoit :
« Oh ! les Français de peu de foi ! »
Elle était debout sur les marches.

Nous approchons tout éblouis.
La maison est blanche et coquette,
Le feu brille, la table est prête :
« Jour d'espérance est jour de fête !
» Entrez, dit-elle, » et sur sa tête
Brillaient les couleurs du pays.

« Les Français sont chez eux en France ;
» Toute la ville vous attend.
» Vous faisiez mal en en doutant. »
Elle riait, tout en parlant,
Elle riait, et cependant,
Mes larmes montent quand j'y pense.

Et j'y pense, et je la revois !
Elle était là près de sa mère ;

Tout à coup, sur notre prière,
Elle chanta nos chants de guerre,
Et c'était la Gloire en colère
Qui nous grondait par cette voix !

Oh ! la bonne et belle Française !
Le grand cœur et les jolis yeux !
Vous demandez, cher curieux,
Si je l'ai prise, audacieux,
La cocarde de ses cheveux ?
Moi la prendre, qu'à Dieu ne plaise !

Mais tout pensif, je regardais,
Je contemplais, parlant à peine,
Ce front d'enfant, cet air de reine,
Ces trois couleurs dans cet ébène,
Et je me disais, l'âme en peine :
« Tout cela reste et je m'en vais ! »

Le clairon sonne : adieu cocarde !
Adieu chansons... et cependant :
« Ah ! si je l'avais ce ruban... »
Et je m'arrêtai tout tremblant.
Mais elle alors, si simplement :
« Tenez, dit-elle, et Dieu vous garde ! »

Ma cocarde a les trois couleurs,
Les trois couleurs de ma patrie.
Le sang l'a bien un peu rougie,
La poudre bien un peu noircie ;
Mais elle est encor bien jolie,
Ma cocarde des jours meilleurs.

PAUL DÉROULÈDE.

(*Chants du Soldat.*) Calmann Lévy.

LE BON GITE

Mirebeau, 1871.

Bonne vieille, que fais-tu là ?
Il fait assez chaud sans cela,
Tu peux laisser tomber la flamme.
Ménage ton bois, pauvre femme,
Je suis séché, je n'ai plus froid.

Mais elle, qui ne veut m'entendre,
Met un fagot sur la cendre :
« Chauffe-toi, soldat, chauffe-toi. »

Bonne vieille, je n'ai pas faim.
Garde ton jambon et ton vin,
J'ai mangé la soupe à l'étape.
Veux-tu bien m'ôter cette nappe !
C'est trop bon et trop beau pour moi.

Mais elle qui n'en veut rien faire,
Taille mon pain, remplit mon verre :
« Refais-toi, soldat, refais-toi. »

Bonne vieille, pour qui ces draps ?
Par ma foi, tu n'y penses pas !
Et ton étable ? et cette paille,
Où l'on fait son lit à sa taille ?
Je dormirai là comme un roi.

Mais elle qui n'en veut démordre,
Place les draps, met tout en ordre :
« Couche-toi, soldat, couche-toi. »

Le jour vient, le départ aussi.
Allons ! adieu… Mais qu'est ceci ?
Mon sac est plus lourd que la veille…
Ah ! bonne hôtesse ! ah ! chère vieille,
Pourquoi tant me gâter, pourquoi ?

Et la bonne vieille de dire,
Moitié larme et moitié sourire :
« J'ai mon gars soldat comme toi ! »

PAUL DÉROULÈDE.

(Nouveaux Chants du Soldat.) Calmann Lévy, éditeur.

LA PRIÈRE

DANS UNE CHAUMIÈRE D'ÉCOSSE

On se place en silence à l'entour du foyer,
Et tous les fronts, tournés vers le vieux métayer,
Se couvrent de respect, de gravité sévère.
Le livre saint ouvert sur les genoux du père,
Cède à ses larges doigts, par le soc endurcis,
Qui passent lentement sur les feuillets noircis.
Il découvre sa tête, et son mâle visage
Respire de nos monts la majesté sauvage.
On écoute… il commence… et l'assemblée en chœur
Répète autour de lui : « Célébrons le Seigneur !
Tout le toit retentit de leurs accents rustiques ;
Leur âme se marie à leurs pieux cantiques,
Et jusqu'à l'Éternel monte l'hymne de paix.
Ce sont nos airs chéris, les vieux chants écossais,

Qu'a redits si souvent l'écho de nos montagnes ;
Chants mille fois plus chers à nos libres campagnes
Que les savants accords d'un luth efféminé...

. . . .

C'est en disant les airs qu'ont aimés nos aïeux,
Que descend dans nos cœurs l'espoir religieux ;
C'est aux vieux souvenirs de gloire et de patrie,
Qu'un vœu pur et brûlant sort d'une âme attendrie,
Et qu'à la fois rempli d'amour et de fierté,
L'homme parle sans crainte à la divinité.
Écosse, ô mon pays, voilà les nobles scènes
Qui décorent tes monts, encor vierges de chaînes !
Conserve tes vertus, ta naïve candeur ;
Là résident tes droits, ta force, ta splendeur !
L'honneur, le dévoûment habitent tes chaumières !
Orne tes jours de paix de tes vertus guerrières !
Et que ton peuple uni d'un lien fraternel,
Place sa liberté sous l'égide du ciel !

LÉON HALÉVY.

(Poésies européennes.)

CINQUIÈME SÉRIE

COMBAT DES GAULOIS ET DES GERMAINS

RÉCIT DE MAEL, CHEVALIER GAULOIS

MAEL.

... Ce jour joyeux qui promettait la gloire
Se leva. Dans son aube on vit vers le lointain,
Fourmiller, à travers les brumes du matin,
Des hommes qui couraient en cohortes serrées.
Moins nombreux, l'Océan, dans ses hautes marées,
Pousse ses flots suivis d'autres flots dévorants.
Un grand vent de colère amoncelait les rangs ;
Ils venaient, dans l'effroi de l'ouragan qui beugle,
Comme une bête en rage avec sa masse aveugle.
Les Germains ! les Germains ! Ils sont à nous. Soudain,
On entendit sonner nos trompettes d'airain,
Saluant le soleil dont les longs rayons pâles
S'élevaient au-dessus des brumes matinales...
... L'ennemi tout entier contre nous se ruait ;

Nous avons combattu sans calculer le nombre ;
— Du matin jusqu'au soir, faisant tourner notre
[ombre,
Le soleil, en passant aux deux côtés du ciel,
Nous éclaira, debout sur le sol paternel,
Ne comptant pas nos morts à terre, je le jure !
Chaque guerrier frappé se couchait sans murmure,
Et riait à la mort en la voyant venir.

LE CHORÈGE.

Maël, tu vis au moins la bataille finir?

MAEL.

Le soir tombait. — C'était une heure solennelle :
La victoire cherchait où reposer son aile,
Hésitant à choisir entre les combattants,
Ou parmi les nombreux ou parmi les vaillants.
Il fallait la fixer. Dans les luttes fatales
La victoire souvent se livre aux mains brutales :
Gloire à l'audace ! — Et l'on élut dans nos guerriers,
Pour la brutaliser vingt mille cavaliers.
Je fus l'un de ceux-là. Secouant leurs crinières,
Sur les sangliers d'or soulevant des poussières,
Coiffés de fer, levant au ciel leurs glaives nus,
Au galop, précédés par les clairons aigus,
Ils vinrent se ranger sur le champ de bataille.
Le soleil du couchant agrandissait leur taille :
Pour mieux leur résister, l'ennemi recula.
Il sentait des vaillants. Et tous restèrent là,
Formant dans les forêts et les collines bleues
Un grand front de bataille allongé de deux lieues.
Le silence se fit, profond comme la peur.
Puis, soudain, l'ouragan s'élança. La lueur

Du feu, le bruit du fer, la clameur de la rage,
Tout brillait, galopait, hurlait comme un orage.
Écrasant, broyant tout sous le lourd tourbillon,
Abaissant la colline et comblant le vallon,
Ils allaient ! les maisons s'écroulaient sous leur masse ;
Les arbres se brisaient comme quand le vent passe.
Ils allaient, et poussaient un long rugissement !
Puis, soudain, il se fit comme **un grand** craquement :
Le ciel épouvanté, se voila de fumées,
Et la terre trembla du choc des deux armées !

LE CHORÈGE.

C'est la gloire : Au galop d'un cheval furieux,
Passer dans la bataille et crier, sous les cieux,
Dans la poussière, au choc des glaives lumineux !

MAEL.

Je les ai vus ! mon cœur tressaille ! même, encore,
Je les vois ! La tempête avide les dévore !
Comme un flot qui se brise aux rochers, je les vois
Bondissant sur les rangs ennemis, où, parfois,
Les grands chevaux cabrés dressent leurs encolures,
En secouant leurs crins comme des chevelures.
Dans le choc sourd des corps, dans les lueurs d'acier,
On s'attaque, on s'étreint, on meurt ! Je vois briller,
Montant et retombant le tranchant des épées,
Sur les membres taillés et les têtes coupées.
Mais le roc ennemi résiste aux furieux ;
La victoire dans l'air pousse des cris affreux,
L'ouragan, reculant épuisé, nous ramène
Dans les débris sanglants la grande vague humaine !

LE CHORÈGE.

Repoussés ! mais les dieux tenaient pour les Germains.

Que peut servir l'épée au brave, si ses mains
N'ont plus la liberté sous le poids des destins?...

MAEL.

Ceux qui restaient, debout, en selle, respirèrent;
L'air gonfla leur poitrine, et les rangs se serrèrent.
Le clairon répandit sa fureur dans le vent,
Et les dix mille voix rugirent : En avant !
En avant ! — Le soleil s'abaissait dans la lande;
Ils couraient ! Et leur ombre était déjà plus grande.
Mais l'ennemi croissait toujours ; et chaque instant
Qui nous diminuait, le renforçait d'autant.
De nouveaux combattants comblaient ses places vides.
Nos cavaliers allaient follement intrépides,
Frapper, tomber, la rage au cœur, l'écume aux dents :
Aussi, partis dix mille, ils revinrent deux cents.

LE CHORÈGE.

A ces deux cents vaincus qu'on tresse des couronnes!

MAEL.

Ils n'étaient pas vaincus ! — Les pesantes colonnes
Des ennemis, leurs rangs épaissis par milliers,
Frémirent, en voyant ces deux cents cavaliers,
Fier escadron, poitrail sanglant, face meurtrie,
Souffle enragé parti du cœur de la patrie,
Voler en rugissant sur eux. Suprême effort !
Héroïsme insensé qui se tut dans la mort,
Il n'en restait plus qu'un !

LE CHORÈGE.

Plus qu'un de nos vingt
[mille !

MAEL

... Il n'en restait plus qu'un ! — Il leva son épée,
Seul, sous le ciel, devant la défaite trompée,
Et poussa son cheval ! En lui-même il avait
L'âme de la patrie. Et comme il galopait,
Il devint tout à coup si grand, qu'il couvrit presque
Les montagnes avec son ombre gigantesque.
Le dernier choc eut lieu. — Dans la brume du soir,
Les morts en frémissant se dressaient pour le voir ;
Et, comme il frappait fort, leurs inertes prunelles
Suivaient l'épée en lui jetant des étincelles.
— Je tombai ! — L'ennemi poussa des cris confus.
Le soleil se coucha, — car il n'en restait plus.

MARC BAYEUX.

(*Nos Aïeux*, tragédie.) Laplace, Sanch. et Ce.

COMBAT DE GÉRALD ET DU SARRASIN

**Dans la vieillesse de Charlemagne, un Sarrazin d'Espagne, armé de
Durandal, l'épée du héros français Roland, tué à Roncevaux, vient à la
cour de l'empereur. Il provoque au combat les chevaliers français
qui voudront reconquérir Durandal ; — chaque jour, pendant un mois,
le combat recommence et trente chevaliers sont tués. — Enfin paraît le
jeune chevalier Gérald.**

GÉRALD.

Je demande à combattre à l'instant le païen.
Sire, j'arrive tard ; mais le temps qui me reste,
Je compte en bien user, par la grâce céleste.
Je vous demande donc, sire, par grand merci,
De vaincre en votre nom ou de mourir ici.

CHARLEMAGNE.

Approche, chevalier. — J'aime ce fier visage ;
Fils du comte Amaury, je connais ton courage ;
Ma nièce a dû la vie à ta jeune valeur ;
Mais celui que tu viens combattre est, par malheur,
Vaillant autant que fort et rude à la bataille.
Tu peux juger déjà de sa force à sa taille.

GÉRALD.

Sa taille... mieux encor je la mesurerai
Sur le champ du combat où je le coucherai.

CHARLEMAGNE.

Roland n'eût pas mieux dit, certes ! je le proclame.
Mais, le péril venu, le bras peut trahir l'âme.

GÉRALD.

Sire, depuis un an, je vis dans cet espoir
Qui rend la force aussi grande que le devoir !
A peine de retour d'une course lointaine,
Après d'heureux combats sur la terre africaine,
On m'apprit le défi de ce païen, le deuil
De la France, le vôtre, et je conçus l'orgueil
De combattre pour vous. noble empereur ! Mon père
L'a permis, m'a suivi ; j'attends donc, et j'espère.

CHARLEMAGNE.

Oui, cet œil intrépide et ce langage ardent
M'invitent à l'espoir... J'hésite cependant ;
Sais-tu d'une main ferme, agile, toujours prête,
Lancer le javelot et tendre l'arbalète ?
Les Sarrasins nous ont surpassés en cela
Trop souvent, tu le sais !

GÉRALD.

Sire, ces armes-là,
Je les laisse aux vassaux, aux ribauds, aux esclaves,
Et m'en tiens à l'épée, à l'arme des vrais braves !
Maudit soit le premier soldat qui fut archer ;
C'était un lâche au fond : il n'osait approcher.

CHARLEMAGNE.

Tu parles noblement, par saint Pol de Tudèle !
Va donc venger nos deuils, va punir l'infidèle ;
Reprends-lui Durandal, le glaive de Roland,
Que brandit ce païen à son bras insolent ;
Et puisque ta valeur ne se plaît qu'à l'épée,
Prends la mienne, ta main n'en sera point trompée ;
Voici *Joyeuse !* Elle est noble et digne d'un roi ;
Je ne l'ai confiée à personne avant toi.

GÉRALD.

Oui, sire, de vos mains j'ai l'orgueil de la prendre,
Mais à vous seul aussi je jure de la rendre.

UN CHEVALIER FRANÇAIS.

De l'honneur qui t'est fait jaloux au fond du cœur,
Nous te disons pourtant, Gérald, reviens vainqueur !

GÉRALD.

Vainqueur ! si je le suis, la louange que j'aime,
Vous me la donnerez en agissant de même,
En marchant avec moi vers des périls plus grands
Pour chasser l'étranger de la terre des Francs,
Ou, dressant jusqu'aux cieux la nouvelle hécatombe,
Sa conquête d'un jour la lui donner pour tombe !
Nous vivrons pour cela, pour cela nous mourrons,
Ici je vous le jure !

LES CHEVALIERS FRANÇAIS.

Ici nous le jurons !

BERTHE, fille de Roland et nièce de Charlemagne, allant vers Gérald.

Regardez-moi, Gérald ! Puis, ma main dans la vôtre...
Elles ne tremblent pas, voyez ! l'une ni l'autre !
Allez, mon chevalier ! — Va, mon Gérald !

LE SARRASIN.

Chrétien,
Ton courage me plaît étant digne du mien ;
Mais le sort va bientôt tromper ton espérance ;
Suis-moi ! — Pour Mahomet !

GÉRALD.

Pour le Christ et la France !

Le Sarrasin et Gérald sortent suivis de la foule. —
Charlemagne et Berthe restent seuls.

CHARLEMAGNE.

Viens, Berthe ! Cette fois Dieu sera-t-il pour nous ?
Prions-le donc ensemble ; oui, ma fille, à genoux !
Prions ! J'ai vu toujours dans ma rude carrière
Que l'arme la meilleure est encor la prière.

Berthe s'agenouille. — Charlemagne, debout près
d'elle, lève les mains au ciel.

BERTHE.

O Dieu, notre vrai père, assis au haut du ciel,
Dieu de Joseph, d'Agar, de Judith, de Daniel,
Devant qui le méchant frissonne comme l'herbe,
Qui livras à David le Philistin superbe,

Livre, ô toi par qui seul toute justice vit,
L'ennemi de ton nom à cet autre David.

> Charlemagne, allant vers la fenêtre, à Berthe qui veut
> le suivre.

Reste, je te dirai de ce combat suprême
Les divers mouvements.

BERTHE.

Non ! Je veux voir moi-même.

CHARLEMAGNE.

Viens !

> (Ils se placent ensemble à la fenêtre. — On entend une
> fanfare de clairons.)

Le signal !... Gérald dans l'arène descend...
On lui lace son heaume.

BERTHE.

Oh ! j'ai peur à présent !
Mon Dieu, sauvez Gérald : notre cause est la vôtre !

CHARLEMAGNE.

Les voilà face à face. Ils marchent l'un vers l'autre.

BERTHE.

Ils s'abordent déjà !... Le fer heurte le fer ;
Joyeuse et Durandal jettent un double éclair
L'infidèle s'élance !

CHARLEMAGNE.

Il recule... Montjoie !

BERTHE.

Non; il revient, levant Durandal qui tournoie...
Sur le front de Gérald elle brille et s'abat;
Je le vois chanceler... Oh! l'horrible combat!
Son heaume est fracassé, sa tête est découverte,
Le sang de son front coule et rougit l'herbe verte!...

CHARLEMAGNE.

Oh! le bon chevalier!... Il ne recule point,
Joyeuse frémissante étincelle à son poing.

BERTHE.

Durandal, de nouveau, sur sa tête se dresse!!

CHARLEMAGNE.

Cette fois il l'évite! Il bondit, il se baisse,
Passe sous Durandal, se relève... C'est bien!
Au défaut du haubert il frappe le païen...

BERTHE.

L'infidèle éperdu se rejette en arrière!
Il chancelle...

CHARLEMAGNE.

Son corps roule dans la poussière!

BERTHE.

Ah! Gérald est vainqueur!

CHARLEMAGNE.

Gloire au Christ triomphant!
Gloire aux barons français! — Sonnez de l'oliphant!

O France ! douce France ! ô ma France bénie !
Rien n'épuisera donc ta force et ton génie !
Terre du dévoûment, de l'honneur, de la foi
Il ne faut donc jamais désespérer de toi,
Puisque, malgré tes jours de deuil et de misère,
Tu trouves un héros dès qu'il est nécessaire !

Henri de Bornier.

(La Fille de Roland.) Dentu, éditeur.

RÉSISTANCE DE PARIS

ASSIÉGÉ PAR LES NORVÉGIENS ET LES DANOIS (NORMANDS)

885-886 ap. J.-C.

Sous les arrière-petits-fils de Charlemagne, les Norvégiens et les Danois qu'on appelait les « hommes du Nord ou les Normands, venaient par mer faire la guerre en Allemagne, en Angleterre et en France.

Ils étaient encore païens et d'un caractère féroce ; par haine des chrétiens, ils pillaient, massacraient et incendiaient. Les rois n'arrivaient pas à les repousser, et les Normands passaient pour invincibles.

Enfin, après vingt ans de misères, les habitants de la France se firent soldats eux-mêmes et se défendirent. Le premier chef français qui battit et chassa les Normands fut Robert le Fort [1]. La première ville qui leur résista glorieusement fut Paris (qui n'était alors qu'une petite ville).

La plus grande expédition que les Normands eussent jamais lancée s'organisa dans le Brabant : tous les plus fameux rois de mer [2] étaient accourus du fond du Nord avec leurs champions. L'armée danoise

1. Tous les rois de France, depuis Hugues Capet jusqu'à Louis-Philippe, sont les descendants de Robert le Fort.

2. On appelait rois de mer les chefs des petites flottes normandes ; leurs compagnons s'appelaient leurs champions.

et norvégienne se partagea en deux corps, qui marchèrent par terre et par mer sur Rouen, rendez-vous général.

L'armée de terre, dont Roll était un des principaux chefs, arriva la première, le 25 juillet, et prit possession de Rouen sans coup férir;… les vaisseaux normands étant arrivés, l'armée barbare remonta le cours de la Seine… et parut en vue de Paris le 25 novembre 885.

Sept cents grandes barques peintes couvraient le fleuve sur une étendue de deux lieues : les barbares comptaient, dit-on, plus de trente mille combattants. —Les païens, qui, en quarante ans, avaient pillé trois fois Paris, ne s'attendaient à aucune résistance et ils comptaient remonter la rivière sans obstacle jusqu'en Bourgogne; ils s'arrêtèrent étonnés en voyant devant eux la ville fortifiée à neuf et la Seine barrée par deux ponts de bois que protégeaient deux grosses tours.

Trois des principaux seigneurs de la Neustrie, Hugues, marquis d'Anjou, Gozlin, évêque de Paris, et Eudes, comte [1] de Paris, s'étaient enfermés dans l'île de la Cité [2] avec tout ce qui restait de gens de cœur dans le pays, et excitaient les habitants à vaincre ou à mourir avec eux… Eudes était l'aîné des fils de Robert le Fort et marchait sur les traces paternelles.

Le roi de mer Sighefried alla d'abord trouver l'évêque Gozlin, et demanda le libre passage, en promettant qu'on respecterait les biens des habitants, des églises et du comte. L'évêque refusa.

---

1. Dans ce temps-là, les titres de *marquis* et de **comte** désignaient non pas des nobles, mais de grands fonctionnaires qui gouvernaient les provinces et les villes et en commandaient les soldats.

2. L'île de la Cité est l'île de la Seine, où s'élève aujourd'hui Notre-Dame de Paris. Elle renfermait autrefois presque toute la ville.

L'attaque commença le lendemain au soleil levant : les deux ponts étaient où se trouve maintenant
le pont au Change et le Petit-Pont... Les Normands
dirigèrent leurs premiers efforts contre la tour
du Grand-Pont ou de la rive *droite*, encore ina-
chevée, et l'on combattit sur ce point durant deux
jours avec une opiniâtreté inouïe : citoyens, moines
et prêtres, tous prirent glorieusement part à l'action ; l'abbé Ebles, neveu de l'évêque Gozlin, ri-
valisa de vigueur et de courage avec le comte
Eudes, et Gozlin lui-même fut légèrement blessé
d'un javelot.

Les Normands convertirent le siége en blocus, assirent leur camp dans le faubourg du nord, autour
de l'église Saint-Germain l'Auxerrois, et ne reprirent
les attaques de vive force qu'au bout de quelques
semaines...

Ils fabriquèrent une tour roulante à trois étages et
la poussèrent contre la tour du Grand-Pont : les Parisiens tuèrent à coups de flèches les hommes qui
dirigeaient la machine ; les Normands alors s'approchèrent de la tour du Grand-Pont, les uns sous des
mantelets mobiles couverts de cuirs frais, les autres
en faisant la tortue avec leurs boucliers ; ils assail-
lirent à la fois le pont par eau, la tour par terre : ils
s'efforcèrent de combler le fossé de la tour, en y
jetant jusqu'aux cadavres de leurs prisonniers, qu'ils
égorgeaient à la vue des assiégés ; ils ébranlèrent la
tour avec trois béliers, tandis qu'ils tâchaient d'écar-
ter les Parisiens des créneaux par une grêle de traits
et de balles de plomb ; ils poussèrent trois navires
chargés d'arbres enflammés contre les piles du pont,
tout fut inutile : les mantelets et les tortues furent
écrasés par les énormes pierres que lançaient les

catapultes[1] des assiégés, ou percés par de grandes perches armées de fer; les bûchers flottants échouèrent contre un môle de pierre qui soutenait le pont. Les Normands se replièrent sur leur camp, et abandonnèrent leurs machines de guerre (fin janvier 886).

Un accident fatal troubla bientôt l'allégresse des Parisiens : dans la nuit du 6 février, une crue de la Seine emporta une partie du Petit-Pont, qui n'avait point été attaqué jusqu'alors, et isola ainsi de la Cité la tour qui servait de tête de pont : les Normands y coururent en foule ; douze hommes qui gardaient cette tour se défendirent héroïquement tout le jour contre une armée entière, à la vue des Parisiens... La tour incendiée, les douze se retirèrent sur les débris du pont et y combattirent longtemps encore ; vers le coucher du soleil, ils se rendirent enfin, sur la promesse d'avoir la vie sauve : mais à peine eurent-ils déposé leurs armes, que les Normands les massacrèrent tous...

Cette honteuse victoire fut peu profitable aux Normands : la mort des douze ne fit qu'affermir la résolution des Parisiens, certains qu'ils n'avaient point de merci à attendre...

Les hauts faits des Parisiens retentissaient dans tout l'empire. — Heinrik, le plus puissant et le plus renommé des chefs germains, marcha enfin au secours de la Neustrie[2], pénétra de nuit, par surprise, dans le camp des Normands, et jeta quelque renfort dans Paris ; mais il fut bientôt contraint à la retraite par les païens rassemblés de toutes parts, et la situation des assiégés devint plus critique qu'auparavant :

1. Les catapultes étaient des machines de guerre.
2. On appelait NEUSTRIE, à cette époque, la partie de la France qui environne Paris, Rouen, etc.

leur misère était extrême; le typhus désolait la ville et emportait chaque jour ses plus intrépides défenseurs... La mort de l'évêque Gozlin et de Hugues d'Anjou, qui succombèrent à leurs fatigues... jeta dans la cité une sombre tristesse, que redoubla le départ du comte Eudes.

Le comte avait jugé nécessaire de courir en personne invoquer l'assistance de l'empereur;... l'abbé Ebles resta quelque temps chargé de tout le poids de la défense. — Les assiégés néanmoins ne tardèrent pas à voir briller sur la colline de Montmartre les casques et les écus d'Eudes et de ses guerriers; les Normands accoururent en foule pour fermer le passage à Eudes; le comte de Paris traversa leurs rangs à course de cheval, sabrant l'ennemi à droite et à gauche, rentra sain et sauf dans la tour du Grand-Pont, et rendit la « joie au peuple affligé » en annonçant le retour du duc Heinrik à la tête d'un nouveau corps d'armée, qui n'était que l'avant-garde de l'empereur.

Heinrik suivit de près Eudes, mais... tandis que ce chef, peu accompagné, faisait une reconnaissance sur le camp des païens, son cheval s'abattit dans des trous creusés en avant des lignes ennemies et recouverts de paille et de gazon; les Normands se jetèrent sur lui et le massacrèrent...; l'armée, ayant perdu son chef, s'en retourna à la vue des Parisiens consternés.

Les Normands crurent toucher enfin au terme de leurs travaux, ils donnèrent un assaut général par terre et par eau à la grosse tour, au Grand-Pont et à la Cité; ce fut le plus terrible combat qu'on eût encore vu. Une nuit que les sentinelles harassées s'étaient endormies sur leurs armes, saint Germain était venu, disait-on, veiller sur les remparts avec des légions d'anges ; les Parisiens, exaltés par leur confiance dans le secours surnaturel du saint évêque et de sainte Geneviève, firent des prodiges de valeur : un certain Gerbaud, « petit de taille, mais puissant par le courage », défendit, lui sixième, une des extrémités de l'île, à l'aide d'une catapulte qu'il manœuvrait avec une adresse meurtrière. Les Normands, repoussés de la Cité et du pont, se portèrent en masse contre la grosse tour et entassèrent un vaste bûcher devant la porte ; la garnison alors s'élança hors de la tour, tandis qu'un prêtre tenait un crucifix élevé sur les créneaux au milieu des flammes. Les Normands furent culbutés avec un affreux carnage (juillet 886).

Cet assaut fut le dernier ; mais pendant trois mois encore le camp des barbares, resta planté en face de la Cité. L'inepte empereur Karle (Charles le Gros) ne parut qu'en octobre au sommet de Montmartre, avec une grande armée de toutes les nations... Le jour de la vengeance semblait arrivé, lorsque les Parisiens apprirent tout à coup avec une profonde indignation que l'empereur traitait avec l'ennemi... Karle le Gros accordait 700 livres d'argent aux Normands pour la rançon de Paris...

La honte de Karle le Gros ne servit qu'à rehausser la gloire de Paris : Paris avait conquis le rang de capitale du peuple nouveau qui venait de se révéler à lui-même en repoussant l'étranger.

HENRI MARTIN.

(Histoire de France.) Furne, Jouvet et Cᵉ.

---

1. L'empire des Francs comprenait la France actuelle, la Belgique, la Hollande, la Suisse, une grande partie de l'Allemagne et de l'Italie. L'empereur résidait en Belgique ou en Lorraine.

LE MARTYRE DU CHEVALIER CROISÉ

LE CHAOUCH[1] MUSULMAN.

Tu n'as plus qu'un moment.

THIBAULT.

Mission inutile.
Je suis prêt. Mais dis-moi quelle est donc cette ville
Dont j'aperçois les tours là-bas au jour naissant?

LE CHAOUCH.

Jérusalem !

THIBAULT.

Vraiment! Dans la lueur de sang
Qui grandit, que déjà le soleil pâle éclaire,
Quelle est cette montagne étrange ?

LE CHAOUCH.
Le Calvaire.

THIBAULT, tombant à genoux.

Je suis venu pour voir. J'ai vu! Je puis mourir.
Ainsi donc Dieu fut homme et Dieu fut un martyr.
Un homme! Et ce rocher terrible qu'on me montre,
Est le lieu solennel de la grande rencontre

1. Le chaouch est chez les musulmans un agent de la justice, chargé
d'exécuter les condamnés.

Où le ciel et la terre en se donnant la main
Ont joint l'âme divine au dévoûment humain.
O mort! Et l'on voudrait que tu restes petite!
Dans tout martyr qui meurt, Dieu lui-même palpite.
Je comprends!... Terre et ciel! La croix est le milieu.
Dieu, c'est l'homme. Et par toi, mon Sauveur, l'homme
                                          [est Dieu.

(Le Chaouch se rapproche de Thibault.)

THIBAULT.

Chaouch, fais ta besogne!

(Le chaouch tient son arme levée et n'ose pas frapper.
Thibault l'encourage.)

                              Allons, le fer hésite.
Je suis prêt. Je l'attends!

LE CHAOUCH.

                    Meurs donc!

(Thibault, étendant les bras.)

                              Je ressuscite!

(Le chaouch frappe.)

MARC-BAYEUX.

(Les Croisés, 3e acte, 6e tableau.)

LA PREMIÈRE VICTOIRE FRANÇAISE

BOUVINES 1214

Le roi de France Philippe-Auguste bat Othon, empereur d'Allemagne,
les Anglais, les Flamands et les Brabançons, ses alliés.

Tandis que les Français se retiraient devant l'ennemi sans le savoir, et défilaient par la route de Lille,
le vicomte de Melun et Guérin, frère profès de l'hôpital de Saint-Jean de Jérusalem, récemment élu
évêque de Senlis, «homme de bon conseil et de grande
vaillance », s'écartant du gros de l'armée avec trois
mille sergents à cheval et arbalétriers, s'en allèrent
au hasard devers Othon, et, du haut d'un tertre,
découvrirent les *batailles* de l'empereur. Guérin
courut prévenir le roi et les barons. « Le roi ordonna
que l'on s'arrêtât, et manda les barons pour prendre
leur conseil : ils ne s'accordèrent point à la bataille,
et voulurent que l'on continuât le chemin. On che-
vaucha donc jusqu'à un petit pont nommé le pont
de Bovines, entre le lieu dit Sanghin et la ville de
Cisoing (ce pont traverse la rivière de Marque, af-
fluent de la Lys). Déjà était outre ce pont la plus
grande partie de l'armée ; le roi n'avait point encore
passé, mais il s'était désarmé, et se reposait sous
l'ombrage d'un frêne, proche une petite chapelle
dédiée à monseigneur saint Pierre, lorsque arrivèrent
des messagers de l'arrière-garde, criant à merveil-

leux cris que l'ennemi venait, que le vicomte de Melun était en grand péril avec ses cavaliers et ses arbalétriers, et ne pourrait longtemps soutenir la hardiesse des hommes d'Othon. »

« Le roi, après une brève oraison à Notre-Seigneur, se fit armer hâtivement, saillit sur son destrier en aussi grande liesse que s'il dût aller à une noce ou à une fête, et lors commença-t-on à crier parmi les champs : Aux armes, barons ; aux armes ! Trompes et buccines (clairons) commencèrent à bondir et les *batailles* à retourner qui avaient déjà passé le pont et fut rappelée l'oriflamme de Saint-Denis, que l'on a coutume de porter par-devant toutes les autres au front de la bataille. Mais comme elle tardait, on ne l'attendit pas. » Le roi partit à grande course de cheval et se plaça à la première ligne, séparé des ennemis par une petite élévation de terrain.

Othon et les siens firent alors un mouvement sur la droite, et se déployèrent de telle façon qu'ils eurent dans les yeux la lueur du soleil, plus ardent en cette journée qu'il n'avait été de la saison. Le roi rangea ses chevaliers sur une ligne de mille quarante pas de long, à peu près égale à celle du corps de bataille ennemi ; près de lui était Guillaume des Barres, la fleur des chevaliers, avec « nombre d'autres preud'hommes pour son corps garder ; » à la droite du champ était Eudes, duc de Bourgogne, le vicomte de Melun et l'évêque Guérin de Senlis, qui rangea les bataillons. « Seigneurs chevaliers, criait le bon évêque, le champ est grand : élargissez vos rangs, que l'ennemi ne vous *encluve !* Ordonnez-vous en telle sorte que vous puissiez combattre tous ensemble et tous d'un même front ! »

En face, on apercevait Othon au milieu de ses gens,

« avec son aigle dorée, perchée sur un dragon qui tournait vers les Français une gueule béante. » Othon, en guise d'étendard impérial, avait arboré un aigle de bronze doré, tenant un dragon dans ses serres, sur un grand char imité du *carroccio* des républiques italiennes. Au moment d'en venir aux mains, le roi parla simplement aux barons et à l'armée : « En Dieu, dit-il, est tout notre espoir et notre confiance. Othon et tous les siens sont excommuniés par notre seigneur le pape : ils sont les ennemis de la sainte Église et les destructeurs de ses biens ; leur solde est le fruit des larmes des pauvres, du pillage des clercs et des églises ; mais nous, quoique pécheurs, nous sommes unis à l'Eglise de Dieu, et défendons, selon notre pouvoir, les libertés du clergé. Ayons donc courage et foi au Dieu miséricordieux qui nous donnera victoire sur nos ennemis et sur les siens. » Quand le roi eut dit ces choses, les chevaliers demandèrent sa bénédiction, et, élevant la main, il pria Dieu de les bénir tous ; puis les trompettes sonnèrent...

Ce furent les vassaux de l'abbé de Saint-Médard de Soissons qui eurent la gloire d'engager la grande bataille : cent cinquante sergents à cheval du Soissonnais, tous roturiers, chargèrent audacieusement les chevaliers de Flandre, qui se trouvaient vis-à-vis d'eux ; ces braves gens furent repoussés et démontés, mais les chevaliers bourguignons et champenois, avec une partie des *Français* (on n'appelait alors ainsi que es habitants de l'Ile-de-France), s'élancèrent à la rencontre des Flamands, et en un instant l'aile droite des Français et la gauche des coalisés furent aux prises. L'ordre de bataille fut rompu ; les rangs se mêlèrent en un effroyable tourbillon d'hommes et de chevaux, se heurtant, se renversant, s'écrasant parmi les flots de poussière. Au milieu des cris de mort, un jeune chevalier flamand s'avisa de crier : « Souvenez-vous de vos dames! » comme s'il se fût trouvé dans un joyeux tournoi. Le duc de Bourgogne eût son cheval tué sous lui, et eût péri si ses gens ne l'eussent secouru à temps ; le comte de Saint-Pol fit des exploits presque incroyables : en butte aux soupçons du roi, qui se défiait d'une bonne partie de ses barons, il avait déclaré « qu'on verrait bien en ce jour qui serait traître. » Enveloppé par les ennemis, il fut frappé à la fois d'une douzaine de lances sans qu'aucune pût le blesser, grâce à la bonté de ses armes. « Enfin, après trois heures et plus, tout le faix de la bataille tourna sur Ferrand et les siens ; le comte de Flandre fut abattu par terre, blessé et navré de mainte grande plaie, pris et lié avec maints de ses chevaliers, et tous ceux de son parti qui combattaient en cet endroit du champ s'enfuirent, moururent ou furent pris. »

Durant cette rude mêlée étaient revenues, en toute hâte, les milices des communes, qui se trouvaient bien au delà du pont de Bovines, lorsque l'action avait commencé. Les communes de Corbie, d'Amiens, d'Arras, de Beauvais et de Compiègne accoururent avec l'oriflamme de Saint-Denis au milieu d'elles, là où elles voyaient l'enseigne royale, d'azur semée de fleurs de lis d'or, que portait un « fort chevalier » de Vermandois, appelé Galon de Montigny ; elles dépassèrent toute la chevalerie et se mirent entre le roi et Othon. La gendarmerie allemande chargea furieusement les communes, les rompit sans leur faire lâcher pied, et perça au travers jusqu'à l'escadron du roi. Guillaume des Barres et tous les preux « qui gardaient le corps du roi » se jetèrent devant Philippe ; mais pendant qu'ils combattaient Othon et ses chevaliers, des sergents à pied allemands, qui avaient poussé de l'avant, cernèrent le roi et le jetèrent à bas de son cheval avec des lances et des crocs de fer; sans son excellente armure, ils l'eussent mis à mort sur l'instant. Quelques chevaliers demeurés auprès de lui, et Galon de Montigny, qui élevait et agitait son enseigne tant qu'il pouvait, pour appeler du secours, hachèrent ou dissipèrent ces gens de pied et remirent le roi à cheval. Au même moment arrivèrent à l'aide les gens des communes et Guillaume des Barres. Le sire des Barres tenait Othon par son heaume et le martelait de sa masse d'armes, lorsqu'il avait ouï crier : « Aux Barres ! aux Barres ! secours au roi ! » et il était accouru, « faisant si grand'place à l'entour, que l'on y pouvait mener un char à quatre roues, tant il éparpillait et abattait de gens devant lui. »

La chevalerie du roi et celle d'Othon se mêlèrent derechef « avec grand abatis d'hommes et de chevaux. » Les Français reprirent le dessus. Othon, à son tour, faillit être tué ou pris, et fut emporté hors de la mêlée par son cheval blessé à mort. Il ne retourna point au combat, comme avait fait le roi Philippe : il s'enfuit, « ne pouvant plus, dit le chroniqueur, endurer la vertu des chevaliers de France. » Les plus braves des chevaliers allemands furent pris en essayant de résister encore après le départ de leur chef. Le duc de Brabant, le duc de Limbourg, le chef des routiers, Hugues de Boves, prirent la fuite, à l'exemple d'Othon : le centre de l'armée se débanda. Le char sur lequel était planté l'étendard impérial fut mis en pièces; le dragon fut brisé, et l'aigle d'or fut déposé tout mutilé aux pieds du roi.

L'aile droite des coalisés, où était Renaud de Boulogne avec les Anglais et bon nombre de routiers du Brabant, soutint quelque temps encore l'effort des vainqueurs. Renaud de Boulogne « bataillait si durement que nul ne le pouvait vaincre ni surmonter, » et partout où apparaissait son heaume, surmonté d'une double aigrette en fanons de baleine, s'ouvrait un 'arge vide dans la mêlée la plus épaisse. Les Anglais avaient d'abord fait plier les gens de Dreux, du Perche, du Ponthieu et du Vimeux : à ce spectacle, le bouillant évêque de Beauvais, frère du comte de Dreux, se précipita parmi les combattants, une masse d'armes à la main, terrassa d'un coup sur la tête le comte de Salisbury, général des Anglais, puis bien d'autres, recommandant à ses compagnons de dire que c'étaient eux qui avaient fait « ce grand abatis, de peur qu'on ne l'accusât d'avoir commis une œuvre illicite pour un prêtre. » Les Anglais furent mis en déroute, mais le comte Renaud continua de se défendre héroïquement. Avant la bataille, il avait juré, ainsi que l'empereur et le comte de Flandre, de ne s'attacher qu'à la personne du roi, afin de le mettre à mort : seul des trois, il était arrivé jusqu'à Philippe; mais, quand il se trouva près de lui, il eut, dit-on, horreur de tuer « son droit seigneur » et se détourna contre l'aile gauche des Français. Il avait disposé une troupe de sergents à pied en un double cercle hérissé de longues piques : c'était de ce fort qu'il s'élançait sans cesse pour promener la mort parmi les Français; puis il s'y réfugiait, quand il était trop pressé ou qu'il voulait reprendre haleine, et la cavalerie qui le poursuivait venait se briser contre un rempart de fer. Enfin le roi Philippe lança contre les sergents du comte de Boulogne 3 000 piquiers français, qui les enfoncèrent et les dispersèrent. Renaud se rua en désespéré au milieu des escadrons du roi; son cheval, blessé à mort, s'abaitit sous lui; un homme des communes lui arracha son heaume, et le frappa d'un couteau sur la tête, lorsque survint Guérin, l'évêque de Senlis, qui empêcha de l'achever et le reçut à merci.

Après que toute la chevalerie ennemie fut tuée, prisonnière ou en fuite, sept cents fantassins brabançons restèrent les derniers sur le champ de bataille, comme gens grandement preux et hardis; » le sire de Saint-Valeri et les hommes du Vimeux, au nombre de cinquante chevaliers et de deux mille hommes de pied, enfoncèrent enfin ces Brabançons et les tuèrent ou prirent tous. Ce fut la fin de cette grande journée dont le souvenir est demeuré à juste titre si national et si populaire. Le peuple, représenté par les milices communales, venait de faire son apparition avec éclat sur le champ de bataille : son début avait été le salut de la France.

HENRI MARTIN.

(Histoire de France, liv. XXIII.) Furne, Jouvet et Co

BERTRAND DU GUESCLIN

CONNÉTABLE DE FRANCE

CONFÈRE LA CHEVALERIE A ALAIN DE MAUNY

DU GUESCLIN.

Approche-toi, filleul.
T'es-tu mis en état pour la bonne veillée ?

ALAIN.

Maître, je viens à vous l'âme purifiée,
Ayant fait devant tous ma coulpe [1] à haute voix...
Mon corps dans l'eau du bain s'est lavé par trois fois;
Et je suis en état de grâce pour paraître
Devant la sainte hostie offerte par le prêtre...
Croyez-en cet habit de lin, blanc comme un lis,
Symbole de mon cœur humble et pur

DU GUESCLIN.

       C'est bien, fils
Devant l'autel voici l'armure bien fourbie;
Tu vas veiller près d'elle, et, l'épreuve subie,
Tu pourras prononcer tes vœux de chevalier.

OLIVIER DE MAUNY, à Alain, son jeune frère.

Un serment solennel va bientôt te lier,
Frère, et quelque regret que mon cœur en éprouve,
Je tiens à te servir de parrain, car je trouve
Qu'il est bien pour le sang des Mauny qu'un garçon
De ton âge ait agi d'une telle façon
Qu'il soit fait chevalier par du Guesclin lui-même!...
Demain la guerre va te donner son baptême.
Tu n'as dû que braver la mort jusqu'à présent;
Mais désormais, Alain, tu verseras le sang;
Tu le verras, flot noir, jaillir des chairs coupées,
Rougir les gantelets, les heaumes, les épées,
Et, parmi les blessés, sourd à leurs cris affreux,
Impitoyablement tu pousseras sur eux...
... Ton destrier [2] massif dont le sabot les broie.
Ah! c'est terrible, enfant!... Mais quoi! tu l'as voulu.

1. Coulpe signifie ici confession.
2. Destrier, cheval de guerre du chevalier.

ALAIN.

Je prends ce grand parti d'un cœur très-résolu,
Et le Dieu des combats fortifira mon âme.

DU GUESCLIN, à Alain.

Avant de te frapper l'épaule de ma lame,
Avant de te chausser les deux éperons d'or,
Insignes de ton rang, Alain, je veux encor
Te rappeler les lois de la chevalerie.
Sers fidèlement Dieu, les dames, la patrie ;
Sois généreux, loyal, intrépide et courtois.
Penses-y bien toujours. L'ordre que tu reçois
Va te faire l'égal des meilleurs gentilshommes..
Mais il t'impose, aux temps d'épreuves où nous sommes,
Des devoirs que jamais, enfant, tu n'enfreindras.
— Et d'abord, que ce cœur, cette tête, ce bras,
N'aient qu'un but, avant tout, — la France délivrée ! —
— Repousse avec horreur la magie exécrée [1]
Et ne te sers jamais contre tes ennemis
Que des moyens loyaux par l'Église permis.
— La forfaiture est chose inconnue à ta race ! —
Épargne le vaincu qui te demande grâce,
Et ne frappe jamais au cheval, car, vois-tu,
Dès qu'un noble bardé de fer est abattu,
La victoire devient sans gloire et trop aisée.
— Enfin, garde toujours au fond de ta pensée
Que les faibles, les vieux, les femmes, les enfants,
Les clercs [2], les laboureurs, sont ceux que tu défends,
Et qu'il faut que partout où ton nom retentisse,
L'écho réponde : Honneur, bienfaisance, justice !

1. Au siècle de du Guesclin (XIVᵉ siècle), la croyance à la sorcel-
lerie était générale.
2. Clercs signifie membres du clergé, prêtres.

. . . .

Maintenant, nous allons te laisser. Veille et prie.
Tu vas ceindre l'épée à l'heure où la patrie
Sous le pied du vainqueur frémissante se tord
Et se relève. — Et c'est pour un duel à mort !
Peut-être verras-tu notre France accablée...
Prie, afin que ta foi n'en soit jamais troublée !
Quand de ses champions tu serais le dernier,
Meurs plein d'espoir en elle et sans la renier.

Coppée et d'Artois.

(Guerre de Cent ans.)

JEANNE D'ARC

FORCE LES ANGLAIS A LEVER LE SIÈGE D'ORLÉANS

7 et 8 mai 1429

Au point du jour, la Pucelle monta à cheval, annonçant à ses hôtes qu'avant le soir elle rentrerait victorieuse à Orléans par les Tournelles et le pont de la Loire... Les bourgeois et les soldats qui la suivaient en foule... traînant après eux canons et couleuvrines, sortirent à grands flots de la ville, traversèrent la rivière et rejoignirent les gens de guerre qui étaient restés la nuit à l'autre bord. Les capitaines soutinrent le mouvement.

Les positions anglaises de la rive gauche (de la Loire) se trouvèrent prises entre deux feux : une troupe de bourgeois et de gens d'armes, logés derrière les retranchements du pont, ouvrirent contre le fort des Tournelles une terrible canonnade, tandis que, du côté opposé, Jeanne donnait le signal de l'attaque du boulevard. Ce fut un combat de géants.

Glansdale [1] avait autour de lui la fleur des meilleures gens de guerre de l'Angleterre : les Anglais, animés par la force de leur poste, par l'espoir d'être secourus des troupes de la rive droite, par l'orgueil de leurs anciennes victoires et la colère de leurs récentes défaites, se défendirent avec un courage opiniâtre et une sombre fureur. Quant aux Français, ils se ruaient à l'assaut « comme s'ils eussent cru être immortels. » A travers les boulets, les flèches, les carreaux, les pierres, ils arrachaient les palissades, ils comblaient les fossés, ils gravissaient au plus haut des fortifications, mais pour en retomber aussitôt, renversés par les haches, les piques et les maillets des Anglais...

La lutte durait depuis trois grandes heures : Jeanne s'était tenue jusqu'alors sur la contrescarpe, exhortant ses gens à « avoir bon cœur et bon espoir en Dieu ». Elle voit les Français mollir et hésiter ; elle se précipite dans le fossé, saisit une échelle et y monte la première : au même instant un carreau d'arbalète [2] la frappe au-dessus du sein, entre le gorgerin et la cuirasse, et la jette dans le fossé !...

On emmena Jeanne et on la désarma pour panser sa blessure, qui était profonde ; quand elle vit couler

---

1. Un des meilleurs capitaines anglais, commandant du fort des Tournelles, sur la rive gauche, en face d'Orléans, au bout du pont des Tournelles. Ce fort avait été pris par les Anglais qui s'y étaient établis.

2. On appelle carreau d'arbalète une sorte de flèche que lançaient les arbalètes.

son sang, le cœur lui faillit et elle pleura. Mais l'émotion qu'elle ressentait provoqua bientôt une extase qui lui rendit toute son énergie ; elle arracha elle-même le trait de la plaie. Cependant la nouvelle de sa chute avait répandu le découragement dans l'armée : les chefs faisaient sonner la retraite. Jeanne court à eux, les conjure d'attendre encore, se retire à l'écart et rentre en extase. — Sa bannière était restée plantée devant le boulevard : « Regardez, dit-elle à un gentilhomme qui l'avait suivie, quand la queue de mon étendard touchera contre le boulevard. » Un moment après, le vent fait flotter la pointe de la bannière du côté des Anglais. « Jehanne, elle y touche ! — Tout est vôtre, et y entrez ! » s'écrie-t-elle en s'élançant sur son cheval et en galopant vers le boulevard.

A son aspect un frissonnement d'épouvante parcourut les rangs des Anglais ; les Français revinrent à la charge avec l'impétuosité de l'ouragan ; ils se sentaient comme enlevés par une puissance surhumaine; ils montèrent sur le boulevard aussi aisément que par les degrés d'un escalier; un furieux combat « main à main » recommença sur le parapet même.

L'audace des compagnons de la Pucelle sembla se communiquer à la troupe orléanaise qui canonnait les Tournelles du côté opposé. Glansdale avait coupé deux ou trois arches du pont de la Loire, entre les Tournelles et le boulevard français établi sur ce pont : les Orléanais jettent une longue solive d'une pile à à l'autre, passent ce pont fragile sous le feu de l'ennemi et emportent les défenses extérieures des Tournelles, au moment où la Pucelle et ses gens pénètrent dans le grand boulevard. Les Anglais, frappés de vertige, s'imaginent voir dans les airs des armées de

fantômes; les Français s'écrient que les patrons
d'Orléans, saint Aignan et saint Euverte, accourent
sur des chevaux blancs au secours de leur cité; d'autres croient voir planer sur le pont d'Orléans le chef
des armées célestes, le conseil de Jeanne, l'archange
Michel.... — L'étendard de la Pucelle flotte au haut
du boulevard. « Rends-toi, Glansdale ! crie Jeanne ;
rends-toi au roi des cieux ! J'ai pitié de ton âme et de
celle des tiens ! » Toute résistance a cessé. Glansdale
et ses compagnons s'enfuient... Bientôt après les
les deux divisions françaises se rejoignent dans les
murs des Tournelles.

... Les chefs anglais de la rive droite tinrent conseil au bruit des cloches dont les joyeuses volées célé-
braient la victoire de leurs ennemis : ils résolurent
la levée du siége, tandis que la Pucelle, selon sa pré-
diction, rentrait dans Orléans par le pont des Tournelles, rétabli en quelques heures, parmi des cris
d'allégresse et un délire populaire qu'il est plus facile
de sentir que de peindre. Dix mille voix chantèrent en
chœur le *Te Deum* sous les voûtes et sur le parvis de
Sainte-Croix.

Le lendemain dimanche 8 mai, au lever du soleil,
toutes les troupes anglaises quittèrent leurs retranchements et se formèrent en deux batailles : à cette
vue, peuple et soldats sortirent en foule d'Orléans
pour les assaillir. Jeanne se leva malgré la douleur
de sa blessure, passa une légère cotte de mailles et
courut arrêter « ses gens. » — « Pour l'amour et
l'honneur du saint dimanche, leur dit-elle, s'ils veulent partir, laissez-les aller et ne les occiez point !
qu'ils se départent ! leur partement me suffit. » Elle
fit dresser un autel et célébrer deux messes sous le
ciel, en présence des deux armées : comme la seconde

messe finissait, Jeanne, toujours prosternée, demanda « si les Anglais avaient le visage ou le dos tourné vers les Français. — Ils ont le dos tourné : ils s'en vont. — Or laissez-les partir, et allons rendre grâces à Dieu ! »

Les deux batailles anglaises se dirigèrent, l'une vers Meung, l'autre vers Jargeau, abandonnant presque tous leurs malades, leurs bagages et leur artillerie...; les canons et les bombardes furent ramenés dans la ville par une multitude ivre de joie. Les vainqueurs sentirent mieux tout le merveilleux de leur victoire, lorsqu'ils examinèrent à loisir les formidables ouvrages qu'ils avaient emportés d'assaut ou qu'on leur livrait sans combat : ils avaient forcé dans des positions inexpugnables ces fiers Anglais habitués à dissiper en plaine, avec une poignée d'hommes, les grandes armées de la monarchie féodale.

Aussi Orléans n'attribua sa délivrance qu'à Jeanne et au Dieu qui l'avait envoyée : une procession solennelle parcourut la ville et les remparts, avec des cantiques d'allégresse et de reconnaissance. Cette cérémonie, renouvelée chaque année le jour anniversaire de la levée du grand siège, s'est perpétuée de siècle en siècle jusqu'à nous sous le nom de *Fête de la Pucelle.*

Henri Martin.

(*Histoire de France*, livre XXXV.) Furne, Jouvet et Co.

SIXIÈME SÉRIE

—

1792

UN PAYSAN.

Monsieur le comte...

LE COMTE.

Eh bien.

LE PAYSAN.

Les racoleurs arrivent,
Ils battent du tambour et les enfants les suivent.
Ils ont un grand drapeau tout neuf.... Je ne sais rien,
Mais j'ai cru qu'il fallait vous prévenir.

LE COMTE.

C'est bien !
Ainsi j'avais trop peu compté sur leur audace !
Ils viennent jusqu'ici m'apporter la menace.

Il leur faut, c'est trop peu du bruit de leurs combats,
Jusque chez mes vassaux recruter des soldats !
Ah ! je vois qu'il est temps que la lutte s'engage !
A nous voir patients on nous croit sans courage.
C'est bien ! nous montrerons, dès le premier effort,
Ce qu'on gagne à troubler le vieux lion qui dort.
Venez ! j'en ai trop vu.

LA COMTESSE.

Demeurez ! croyez-moi. Vous serez satisfait
De ce que leurs discours vont produire d'effet.
Voici nos paysans : pas un d'eux, j'en suis sûre,
Non ! pas même celui dont la pauvre masure
Laisse passer la pluie et les vents en courroux,
Ne voudra s'enrôler sous un autre que vous !

LE COMTE.

Oui ! vous avez raison : je veux rester !

> Berthaut, magistrat patriote, entre suivi d'un peloton de soldats et d'un drapeau sur lequel est écrit : *La patrie est en danger*. — Un greffier s'assoit à une table pour inscrire les enrôlements. Les paysans arrivent par groupes ; le comte, la comtesse, s'assoient à gauche. Roulement de tambour.

BAUDRU, soldat.

Silence.

BERTHAUT.

Citoyens, l'heure sonne où le péril commence.
Il est grand : la patrie a besoin de ses fils.
Elle leur dit : « Debout ! vous tous que j'ai nourris !
Vous pour qui Dieu gonfla ma féconde mamelle,
O mes fils ! défendez la terre maternelle ! »

Et quel Français, s'il n'est couché dans son cercueil,
Ne se lève à ce cri de la patrie en deuil ?
Elle est venue à vous, en dépit de l'espace,
La lointaine rumeur de l'ouragan qui passe :
Vous savez que l'on frappe et que l'on meurt là-bas !...
Citoyens, la patrie a besoin de soldats.
Ici je recevrai les noms des volontaires.
Songez-y : l'étranger va marcher sur nos terres.
Citoyens !... la patrie est en danger !

> Un moment de silence. Les paysans se consultent.

RENÉ, paysan.

                                Ma foi !
S'il le faut, j'aime autant qu'on se batte ici, moi.

REMY, paysan.

S'ils viennent par ici, nous verrons.

GUYOT, paysan.

                             Eh! les autres,
Qu'ils défendent leurs biens, nous défendrons les nôtres.

RENÉ.

Parbleu ! c'est évident, chacun le sien.

GUYOT.

                             Et Dieu
Pour tous. .   .   .   .
.   .   .   .

JEAN DACIER, jeune paysan, valet du comte, à Berthaut.

Et ceux qui vont aller se battre à la frontière,
Quand reviendront-ils ? .   .   .   .

BERTHAUT.

Nul ne le sait.

JEAN DACIER.

Ainsi, les ennemis chassés,
Nous ne sommes pas sûrs que l'on nous dise : Assez !

BERTHAUT.

Quand on part pour défendre une cause chérie,
On ne marchande pas son sang à la patrie !
On donne tout.

JEAN DACIER.

D'ailleurs, ce n'est rien de briser
Ce cercle d'ennemis prêts à nous enlacer ;
Ils iront se refaire ; et, d'année en année,
La lutte renaîtra, toujours plus acharnée.
Aux bataillons, rompus par un premier effort,
D'autres succéderont, toujours, jusqu'à la mort,
N'est-ce pas ?

BERTHAUT.

Peut-être.

JEAN DACIER.

Et si, lassant la mort même,
Survivant, par miracle, à la lutte suprême,
Un de ceux-là revient, qui partent aujourd'hui,
Qu'aura-t-il mérité ? Que fera-t-on pour lui ?

BERTHAUT.

Rien. N'est-ce pas assez pour le guerrier qui tombe
Que l'arbre Liberté fleurisse sur sa tombe ?
Et n'est-ce pas assez pour le soldat vainqueur
D'avoir la gloire au front et la patrie au cœur ?

JEAN DACIER.

Il suffit : je pars.

Le soldat BAUDRU, à part.

Bien ! Il me plaît, le bonhomme.
Il n'a pas l'air d'avoir froid aux yeux.

BERTHAUT, à Jean.

L'on vous nomme ?

JEAN.

Jean Dacier ! . . . .
. . . .

LE COMTE.

Une belle recrue !

LA COMTESSE.

Oui, mais je ne veux pas, moi, que l'on me le tue !
Pauvre garçon !

LE COMTE.

Peut-être avec un peu d'argent...
Voyons !
A Jean.
Mais quelle idée as-tu, mon pauvre Jean ?
Pourquoi veux-tu quitter ta charrue et ta grange,
Et te faire soldat ?

JEAN.

Cela vous semble étrange :
Un soldat, c'est un homme, et vous ne croyiez pas
Que cet être chétif, si timide et si bas,

Fût un homme ; et qu'il pût, en redressant sa taille,
Prendre place au soleil sur un front de bataille.
C'est que j'étais un serf, fils de serf. Mes aïeux
Esclaves revenaient toujours devant mes yeux.
Le temps avait en nous tué jusqu'à la haine,
Et nous marchions courbés sous notre lourde chaîne,
Sans même la sentir traîner sur nos pieds nus.
Mais, tout à coup, voici des souffles inconnus
Qui m'apportent des mots que j'ai peine à comprendre,
Si nouveaux qu'il fallut du temps pour les apprendre ;
« Sois libre ! le servage est mort ! relève-toi !
Les hommes sont égaux ! » —J'étais votre égal, moi ! —
C'était trop beau ; jamais je ne pouvais le croire...
. . . . J'allais rêvant,
Derrière mes grands bœufs, dans le sillon paisible :
« Moi l'égal de mon maître ! est-ce que c'est possible ?
» Où prendrais-je ces dons qu'il reçut en naissant :
» Courage, honneur, fierté ? cette voix dont l'accent
» Commande ? ce regard où luit son âme altière ?
» L'homme peut-il changer sa destinée entière ?
» Peut-il refaire, en lui, l'œuvre même de Dieu ? »
— Je vous voyais trop grand. Je m'estimais trop peu.
J'avais tort, je m'en suis aperçu tout à l'heure ;
Car on m'a dit : « Veux-tu laisser là ta demeure ;
Partir soldat ; braver le fer et le canon ? »
—Et déjà, dans mon cœur, j'avais répondu : « Non ! »
Mais cet homme ajouta : « Cette voix qui te crie :
» Lève-toi ! c'est la voix même de la patrie !
» C'est la France qui parle et qui t'appelle ainsi ! »
— Et j'ai dit : « Tu le veux, ma mère, me voici ! »

Charles Lomon.

(Tiré du drame de Jean Dacier.) P. Ollendorf, édit.

COMBAT D'UN BATAILLON FRANÇAIS

CONTRE LES AUTRICHIENS

SUR LA PLACE D'UN VILLAGE DES VOSGES

1793

RÉCIT D'UN ENFANT

Les tambours résonnaient; la cantinière criait :
« Hue! » et le bataillon se mettait en route, quand
une sorte de pétillement terrible retentit au bout du
village. C'étaient des coups de fusils, qui se suivaient
quelquefois plusieurs ensemble, quelquefois un à
un.

Les républicains allaient entrer dans la rue.

« Halte! » cria le commandant, qui regardait debout sur ses étriers, prêtant l'oreille.

Je m'étais mis à la fenêtre, et je voyais tous ces
hommes attentifs, et les officiers hors des rangs, autour de leur chef, qui parlait avec vivacité.

Tout à coup un soldat parut au détour de la rue;
il courait, son fusil sur l'épaule.

« Commandant, dit-il de loin, tout essoufflé, les
Croates! L'avant-poste est enlevé... Ils arrivent!... »

A peine le commandant eut-il entendu cela qu'il
se retourna, courant sur la ligne ventre à terre et
criant :

« Formez le carré! »

Les officiers, les tambours, la cantinière se repliaient en même temps autour de la fontaine, tandis que les compagnies se croisaient comme un jeu de cartes ; en moins d'une minute, elles formèrent le carré sur trois rangs, les autres au milieu, et presque aussitôt il se fit dans la rue un bruit épouvantable, les Croates arrivaient ; la terre en tremblait. Je les vois encore déboucher au tournant de la rue, leurs grands manteaux rouges flottant derrière eux comme les plis de cinquante étendards, et courbés si bas sur leur selle, la latte en avant, qu'on apercevait à peine leurs faces osseuses et brunes, aux longues moustaches jaunes...

Le temps de regarder et de frémir, les Croates étaient sur la place. J'entendis à la même seconde le commandant crier : « Feu ! » Puis un coup de tonnerre, puis rien que le bourdonnement de mes oreilles. Tout le côté du carré tourné vers la rue venait de faire feu à la fois ; les vitres de nos fenêtres tombaient en grelottant ; la fumée entrait dans la chambre avec des débris de cartouches, et l'odeur de la poudre remplissait l'air.

... Je voyais les Croates sur leurs grands chevaux, debout dans la fumée grise, bondir, retomber et rebondir comme pour grimper sur le carré, et ceux de derrière arriver, arriver sans cesse, hurlant d'une voix sauvage : « En avant ! en avant ! »

« Feu du second rang ! » cria le commandant, au milieu des hennissements et des cris sans fin.

Il avait l'air de parler dans notre chambre, tant sa voix était calme.

Un nouveau coup de tonnerre suivit ;.. le crépi tombait, les tuiles roulaient des toits, le ciel et la terre semblaient se confondre.

Après les feux de peloton commencèrent les feux
de file. On ne voyait plus que les fusils du deuxième
rang s'abaisser, faire feu et se relever, tandis que le
premier rang, le genou à terre, croisait la baïonnette, et que le troisième chargeait les fusils et les
passait au second.

Les Croates tourbillonnaient autour du carré, frappant au loin de leurs grandes lattes; de temps en
temps un chapeau tombait, quelquefois l'homme. Un
de ces Croates, repliant son cheval sur les jarrets,
bondit si loin qu'il franchit les trois rangs et tomba
dans le carré; mais alors le commandant républicain se précipita sur lui, et d'un furieux coup de
pointe le cloua pour ainsi dire sur la croupe de son
cheval; je vis le républicain retirer son sabre rouge
jusqu'à la garde; cette vue me donna froid; j'allais
fuir, mais j'étais à peine levé que les Croates firent
volte-face et partirent, laissant un grand nombre
d'hommes et de chevaux sur la place.

Les chevaux essayaient de se relever, puis retom-
baient. Cinq ou six cavaliers, pris sous leur monture,
faisaient des efforts pour dégager leurs jambes;
d'autres, tout sanglants, se traînaient à quatre pattes,
levant la main et criant d'une voix lamentable :
« Pardône, Françôse! » dans la crainte d'être mas-
sacrés; quelques-uns, ne pouvant endurer ce qu'ils
souffraient, demandaient en grâce qu'on les achevât;
le plus grand nombre restaient immobiles.

... Dans les rangs des républicains, il y avait
aussi des places vides, des corps étendus sur la face,
et quelques blessés, les joues et le front pleins de
sang; ils se bandaient la tête. le fusil au pied, sans
quitter les rangs; leurs camarades les aidaient à serrer le mouchoir et à remettre le chapeau dessus.

Le commandant, à cheval près de la fontaine, la corne de son grand chapeau à plumes sur le dos et le sabre au poing, faisait serrer les rangs; près de lui se tenaient les tambours en ligne, et un peu plus loin, tout près de l'auge, la cantinière avec sa charrette. On entendait les trompettes des Croates sonner la retraite. Au tournant de la rue, ils avaient fait halte; une de leurs sentinelles attendait là, derrière la maison commune; on ne voyait que la tête de son cheval. Quelques coups de fusil partaient encore.

« Cessez le feu ! » cria le commandant.

Et tout se tut; on n'entendit plus que la trompette au loin.

La cantinière fit alors le tour des rangs à l'intérieur pour verser de l'eau-de-vie aux hommes, tandis que sept ou huit grands gaillards allaient puiser de l'eau à la fontaine, dans leurs gamelles, pour les blessés, qui tous demandaient à boire d'une voix pitoyable.

Moi, penché hors de la fenêtre, je regardais au fond de la rue déserte, me demandant si les manteaux rouges oseraient revenir. Le commandant regardait aussi dans cette direction, et causait avec un capitaine appuyé sur la selle de son cheval. Tout à coup le capitaine traversa le carré, écarta les rangs et se précipita chez nous en criant :

« Le maître de la maison?

— Il est sorti.

— Eh bien… toi… conduis-moi dans votre grenier, vite ! »

Je laissai là mes sabots et me mis à grimper l'escalier au fond de l'allée comme un écureuil.

Le capitaine me suivait. En haut, il vit du premier coup d'œil l'échelle du colombier et monta devant

moi. Dans le colombier il se posa les deux coudes au
bord de la lucarne un peu basse, se penchant pour
voir. Je regardais par-dessus son épaule. Toute la
route, à perte de vue, était couverte de monde : de la
cavalerie, de l'infanterie, des canons, des caissons,
des manteaux rouges, des pelisses vertes, des habits
blancs, des casques, des cuirasses, des files de lances
et de baïonnettes, des lignes de chevaux, et tout cela
s'avançait vers le village.

« C'est une armée ! » murmurait le capitaine à voix
basse.

Il se retourna brusquement pour redescendre,
mais s'arrêtant sur une idée, il me montra, le long du
village, à deux portées de fusil, une file de manteaux
rouges qui s'enfonçaient dans un repli de terrain,
derrière les vergers.

« Tu vois ces manteaux rouges? dit-il.

— Oui.

— Est-ce qu'un chemin de voitures passe là?

— Non, c'est un sentier.

— Et ce grand ravin qui le coupe au milieu, droit
devant nous, est-ce qu'il est profond?

— Oh! oui.

— On n'y passe jamais avec les voitures et les
charrues?

— Non, on ne peut pas. »

Alors, sans m'en demander davantage, il redescen-
dit l'échelle à reculons, aussi vite que possible, et se
jeta dans l'escalier. Je le suivais; nous fûmes bientôt
en bas, mais nous n'étions pas encore au bout de l'allée que l'approche d'une masse de cavalerie faisait
frémir les maisons. Malgré cela, le capitaine sortit,
traversa la place, écarta deux hommes dans les rangs
et disparut.

Des milliers de cris brefs, étranges, semblables à
ceux d'une nuée de corbeaux : « Hourra! hourra! »
remplissaient alors la rue d'un bout à l'autre,
et couvraient presque le roulement sourd du galop.

Moi, tout fier d'avoir conduit le capitaine au colombier, j'eus l'imprudence de m'avancer sur la porte.
Les uhlans, car cette fois c'étaient des uhlans, arrivaient comme le vent, la lance en arrêt, le dolman
en peau de mouton flottant sur le dos, les oreilles enfoncées dans leurs gros bonnets à poil, les yeux écar-
quillés, le nez comme enfoui dans les moustaches, et
le grand pistolet à crosse de cuivre dans la ceinture.
Ce fut comme une vision. Je n'eus que le temps de
me jeter en arrière; je n'avais plus une goutte de
sang dans les veines, et ce n'est qu'au moment où la
fusillade recommença, que je me réveillai comme d'un
rêve, au fond de notre chambre, en face des fenêtres
brisées.

L'air était obscurci, le carré tout blanc de fumée.
Le commandant se voyait seul derrière, immobile sur
son cheval, près de la fontaine; on l'aurait pris pour
une statue de bronze, à travers ce flot bleuâtre d'où
jaillissaient des centaines de flammes rouges. Les
uhlans, comme d'immenses sauterelles, bondissaient
tout autour, dardaient leurs lances et les retiraient;
d'autres lâchaient leurs grands pistolets dans les
rangs, à quatre pas.

Il me semblait que le carré pliait; c'était vrai.

« Serrez les rangs! tenez ferme! » criait le commandant de sa voix calme.

— Serrez les rangs! serrez! » répétaient les officiers de distance en distance

Mais le carré pliait, il formait un demi-cercle au

milieu; le centre touchait presque à la fontaine. A
chaque coup de lance, arrivait la parade de la baïonnette comme l'éclair, mais quelquefois l'homme s'af-
faissait. Les républicains n'avaient plus le temps de
recharger; ils ne tiraient plus, et les uhlans arrivaient toujours, plus nombreux, plus hardis, enve-
loppant le carré dans leur tourbillon, et poussant
déjà des cris de triomphe, car ils se croyaient vainqueurs.

Moi-même je croyais les républicains perdus,
lorsque, au plus fort de l'action, le commandant, levant son chapeau au bout de son sabre, se mit à chanter une chanson qui vous donnait la chair de poule,
et tout le bataillon, comme un seul homme, se mit à
chanter avec lui.

En un clin d'œil, tout le devant du carré se redressa,
refoulant dans la rue toute cette masse de cavaliers,
pressés les uns comme les autres, avec leurs grandes
lances, comme les épis dans les champs.

On aurait dit que cette chanson rendait les républicains furieux; c'est tout ce que j'ai vu de plus terrible!

Mais ce qu'il y avait encore de plus affreux, c'est
que les derniers rangs de la colonne autrichienne,
tout au bout de la rue, ne voyant pas ce qui se passait
à l'entrée de la place, avançaient toujours, criant :
« Hourra! hourra! » de sorte que ceux des premiers rangs, poussés par les baïonnettes des républicains, et ne pouvant plus reculer, s'agitaient dans
une confusion inexprimable et jetaient des cris de
détresse; leurs grands chevaux, piqués aux naseaux,
se dressaient, la crinière droite, les yeux hors de la
tête, avec des hennissements grêles et des ruades
épouvantables. Je voyais de loin ces malheureux

uhlans, fous de terreur, se retourner, en frappant leurs camarades du manche de leurs lances, pour se faire place, et détaler comme des lièvres le long des petites cassines.

Deux minutes après, la rue était vide. Il restait encore vingt-cinq ou trente de ces pauvres diables enfermés dans la place ; ils n'avaient pas vu la retraite et semblaient tout déconcertés, ne sachant par où fuir ; mais ce fut bientôt fini : une nouvelle décharge les coucha sur le dos, sauf deux ou trois qui s'enfoncèrent dans la ruelle des Tanneurs.

On ne voyait plus que des tas de chevaux et d'hommes morts ; le sang coulait au-dessous et suivait notre rigole jusqu'au guévoir.

« Cessez le feu ! cria le commandant pour la seconde fois ; chargez ! »

Dans le même instant, neuf heures sonnaient à l'église. Le village, en ce moment, n'est pas à dépeindre ; les maisons criblées de balles, les volets pendant à leurs gonds, les fenêtres défoncées, les cheminées chancelantes, la rue pleine de tuiles et de briques fracassées, les toits des hangars percés à jour, et ce tas de morts, ces chevaux bousculés se débattant et saignant : on ne peut se le figurer.

Les républicains, diminués de moitié, leurs grands chapeaux penchés sur le dos, l'air dur et terrible, attendaient l'arme au bras. Derrière, à quelques pas de notre maison, le commandant délibérait avec ses officiers. Je l'entendais très-bien :

« Nous avons une armée autrichienne devant nous, disait-il brusquement ; il s'agit de tirer notre peau d'ici. Dans une heure, nous aurons vingt ou trente mille hommes sur les bras ; ils tourneront le village avec leur infanterie, et nous serons tous perdus. Je

vais faire battre la retraite. Quelqu'un a-t-il quelque chose à dire?

— Non, c'est bien vu », répondirent les autres.

ERCKMANN-CHATRIAN.

(*Madame Thérèse.*) Hetzel, éditeur, rue Jacob.

LA SENTINELLE PERDUE

1796

Ils étaient trente mille entre Nice et Savone,
Au milieu des rochers que Mont-Albo couronne;
Vainqueurs à Loano, décimés par la faim,
La poudre leur manquait, les souliers et le pain.

Une nuit, à cette heure où le silence arrive,
Quand des gardes du camp retentit le qui-vive,
Quand le chant du clairon pour la dernière fois
Eveille les échos endormis dans les bois,
Et que tout bruit s'éteint dans l'immense étendue;
A cette heure, un soldat, sentinelle perdue,
L'arme au bras, l'œil rêveur, embrassant du regard
Les feux de l'ennemi dispersés au hasard,
Songeait à la patrie!... Et par delà les cimes
Que la lune argentait au revers des abîmes,
Il lui semblait gravir sur les flancs d'un coteau,
Le sentier qui jadis le menait au hameau;
Puis, arrivant soudain au seuil d'une chaumière,
Il voyait deux vieillards, assis à la lumière

D'un foyer tremblotant dans le sombre réduit;
Et tous deux s'oubliaient au milieu de la nuit,
Tous deux, le front penché, poursuivaient ce long rêve
Qu'on appelle la vie et que la mort achève!
Et la femme disait : « Voici bientôt un an
» Qu'il n'est plus arrivé de nouvelles de Jean.
» Nous a-t-il oubliés? Que fait-il à cette heure?
» Dois-je encore espérer ou faut-il que je meure
» Sans revoir mon enfant? Les riches sont heureux,
» Ils gardent des enfants qui leur ferment les yeux !
» Les pauvres, délaissés, meurent dans la souffrance!»

. . . .

» — Nous devons, dit le vieux, notre sang à la France.
» C'est notre mère à tous ; elle a bâti sur nous
» Sa force et sa grandeur, dont le monde est jaloux.
» Les nobles, autrefois, allaient seuls à la guerre ;
» Aujourd'hui je suis noble et je défends ma terre.
» Aurais-je moins de cœur qu'un prince ou qu'un
                                        [baron ?
» Ne serais-je Français et libre que de nom ?
» Faudra-t-il envoye· un duc pour me défendre?
» La servitude alors ne peut se faire attendre ;
» Celui qui me défend est déjà mon seigneur,
» Il prouve assez son droit en montrant plus de cœur.
» Grâce à Dieu, nous valons toute cette noblesse ;
» Mon fils combat pour moi, je n'ai point de vieillesse.
» Je me retrouve en lui, je suis aux premiers rangs ;
» Je frappe avec son bras les soutiens des tyrans.
» Gémis, si tu le veux, cesse de te contraindre!...
» Mais Jean fait son devoir, je ne saurais le plaindre.
» S'il pouvait oublier ce qu'il doit au pays,
» S'il reculait jamais devant nos ennemis,
» S'il désertait nos droits, s'il reniait ses pères,
» Alors je verserais des larmes bien amères... »

Ainsi passait le rêve, et sur la plaine immense
Le soldat écoutait au milieu du silence :
Tout se taisait au loin ; le ciel profond et pur
Reposait sur les monts sa coupole d'azur ;
Les chevaux au piquet hennissaient d'un ton grêle,
Et le cri prolongé : « Garde à toi, sentinelle ! »
S'étendait dans la nuit, comme un dernier soupir
De la brise qui tombe et semble s'assoupir.

ERCKMANN-CHATRIAN.

Hetzel et Ce, éditeurs.

LE MARÉCHAL MORTIER

AU COMBAT DE DIRNSTEIN

CAMPAGNE DE 1805

Le 11 novembre 1805, Mortier, sur la rive gauche
du Danube, avait franchi Dirnstein. A ce point, les
hauteurs s'éloignent un peu, et laissent un espace
entre leur pied et le fleuve. La route traverse cet
espace, tantôt encaissée dans le sol, tantôt élevée au-
dessus par une chaussée.

La division française, engagée sur cette route,
aperçut la fumée du pont de Krems [1] qui brûlait

___

1. L'armée de Napoléon descendait par la rive *droite* du Danube et
marchait sur Vienne, en Autriche. Les Russes, alliés des Autrichiens,
passent sur la rive gauche du fleuve par le pont de Krems et brûlent le
pont. — Le corps français de Mortier, que Napoléon a fait passer sur
la rive gauche et qui est séparé par le fleuve, du reste de l'armée, va
donc avoir les Russes en tête. — Un peu plus tard, il sera coupé par
eux.

encore. Bientôt elle reconnut les Russes et se douta qu'ils avaient passé le Danube sur ce pont. Sans trop se rendre compte de ce qu'elle avait devant elle, par l'ardeur commune qui entraînait toute l'armée, elle ne songea qu'à pousser en avant et à combattre. Mortier en donna l'ordre qui fut exécuté sur-le-champ.

Les Russes se portèrent en masse serrée sur la division française. Le feu de l'artillerie causa dans leurs rangs de cruels ravages. Ils se jetèrent sur les canons pour les enlever. L'infanterie des 100e et 103e régiments de ligne les défendit avec une extrême vigueur. Il s'engagea, dans cette route étroite, un combat corps à corps des plus acharnés. Les canons furent pris, et repris immédiatement. A peine arrachés aux Russes, on les tira sur eux presque à bout portant, avec un effet horriblement meurtrier. Les Français, postés sur les moindres accidents de terrain, faisaient un feu de tirailleurs qui n'était pas moins redoutable que celui de leur artillerie. On se battit sur ce point une demi-journée, et, à en juger d'après les blessés trouvés le lendemain, l'ennemi essuya de grandes pertes. On lui enleva 1 500 prisonniers. Enfin, on resta maître du terrain, et on crut pouvoir s'y reposer.

On s'était avancé en combattant jusqu'à Stein. Le 4e léger, répandu sur les hauteurs qui dominent le lit du fleuve, y entretenait un feu de tirailleurs très-nourri, et qui d'instant en instant devenait plus vif. Bientôt on s'en expliqua la cause qu'on avait d'abord peine à saisir.

Les Russes avaient tourné les hauteurs. Avec deux colonnes formant une masse de 12 à 15 000 hommes, ils étaient descendus sur les derrières de la division Gazan, et ils étaient entrés à Dirnstein, que cette division avait traversé le matin. On était donc enveloppé et séparé de la division Dupont qui avait été laissée à une marche en arrière.

La nuit approchait ; la situation était affreuse, et on ne doutait pas d'avoir sur les bras une armée entière. Dans cette extrémité évidente à tous les yeux, il ne vint à l'esprit de personne, officiers et soldats, de capituler. Mourir tous jusqu'au dernier, plutôt que de se rendre, fut la seule alternative qui se présenta à ces braves gens, tant était héroïque l'esprit qui animait cette armée ! Le maréchal Mortier pensait comme ses soldats, et, comme eux, il était résolu à mourir plutôt que de livrer aux Russes son épée de maréchal. Il ordonna donc de marcher en colonne serrée, et de se faire jour à la baïonnette, en rétrogradant sur Dirnstein, où l'on devait être rejoint par la division Dupont.

Il était nuit. On recommença dans l'obscurité le combat qu'on avait livré le matin contre les Russes, mais en sens contraire. On lutta encore corps à corps sur cette route étroite, les hommes étant tellement rapprochés qu'ils se prenaient souvent à la gorge. On gagna du terrain vers Dirnstein en combattant de la sorte. Cependant, après avoir enfoncé plusieurs masses d'ennemis, on désespérait d'arriver au but, et de rouvrir une route qui se refermait sans cesse.

Quelques officiers de Mortier, n'entrevoyant plus de salut, lui proposaient de s'embarquer seul, et de soustraire au moins sa personne aux Russes, pour ne pas leur laisser un aussi beau trophée qu'un maréchal de France. — « Non, répondit l'illustre maréchal, on ne se sépare pas d'aussi braves gens. On se sauve ou on périt avec eux ! »

Il était là, l'épée à la main, combattant à la tête de

ses grenadiers, et livrant des assauts répétés pour rentrer à Dirnstein, lorsque tout à coup on entendit sur les derrières de Dirnstein un feu des plus violents. L'espérance renaquit aussitôt, car, d'après toutes les probabilités, ce devait être la division Dupont qui arrivait.

En effet, cette brave division qui avait marché toute la journée, avait appris en avançant la dangereuse position du maréchal Mortier, et elle accourait à son secours. Le général Marchand, avec le 9ᵉ léger, soutenu des 96ᵉ et 32ᵉ régiments de ligne, s'enfonça dans cette gorge. Les uns poussaient directement vers Dirnstein en suivant la grande route, les autres remontaient les ravins qui descendaient des montagnes pour y refouler les Russes. Un combat tout aussi acharné que celui que livraient en cet instant les soldats de la division Gazan, s'engagea dans ces défilés.

Enfin le 9ᵉ léger pénétra jusqu'à Dirnstein, tandis que le maréchal Mortier y entrait par le côté opposé. Les deux colonnes se rejoignirent et se reconnurent à la lueur du feu. Les soldats s'embrassèrent, pleins de joie d'échapper à un tel désastre.

Les pertes étaient cruelles des deux côtés, mais la gloire n'était pas égale, car cinq mille Français avaient résisté à plus de trente mille Russes, et avaient sauvé leur drapeau en se faisant jour. Ce sont là des exemples qu'il faut à jamais recommander à une nation. Des soldats qui sont résolus à mourir, peuvent toujours sauver leur honneur, et réussissent souvent à sauver leur liberté et leur vie.

A. THIERS.

(Consulat et Empire, livre XXIII. Austerlitz.)
Furne, Jouvet et Cᵉ, éditeurs.

LE MARÉCHAL NEY A KRASNOÉ

18 novembre 1812.

Dans la retraite de Russie, l'arrière-garde, commandée par le maréchal Ney et forte de 7 000 hommes, est coupée de l'armée par 50000 Russes.

Les colonnes de Ney furent accueillies par la mitraille dès qu'elles parurent sur le bord du ravin. Elles y descendirent et en remontèrent le bord opposé, toujours sous cette mitraille épouvantable, et n'en furent point arrêtées dans leur élan. Elles réussirent même à enlever quelques pièces ennemies. Mais foudroyées par cent bouches à feu, chargées à la baïonnette, elles furent rejetées dans le fond du ravin, et ramenées au point d'où elles étaient parties. La vue des colonnes russes qui étaient les unes derrière les autres, ne laissait aucune espérance. Sept mille combattants, réduits à quatre mille en une heure, ne pouvaient assurément pas enfoncer cinquante mille hommes rangés en bataille. Le maréchal Ney y renonça donc, mais sans songer à se rendre et à remettre son épée aux Russes.

Le parti qu'il allait adopter devait sauver moins d'hommes que ne l'aurait fait une capitulation; il devait même les exposer à périr presque tous, mais il sauvait l'honneur de l'armée et le sien! Il n'hésita point.

Il forma la résolution d'attendre la fin du jour, hors de portée du feu, puis de profiter des ombres de

la nuit pour passer le Dniéper [1], et de s'échapper par
la rive droite... — Par malheur on n'avait pour fran-
chir le Dniéper que la glace, qui pouvait, quoique le
froid fût vif, n'être pas capable de porter une armée.
Le maréchal Ney, avec sa confiance habituelle, ne
parut concevoir aucun doute sur l'état du fleuve, et
un de ses officiers ayant voulu lui adresser une observation, il répondit brusquement que le Dniéper devait
être gelé, qu'on le trouverait tel, qu'on passerait sur
la glace ou autrement, qu'on passerait enfin, n'importe de quelle manière.

Les Russes ne soupçonnant pas ce qu'il méditait,
et le voyant se mettre hors de portée du feu, se crurent certains de l'avoir le lendemain pour prisonnier,
et voulurent lui laisser le temps de la résignation,
afin de s'épargner à eux-mêmes une effusion de sang
inutile...

Le soir, à la nuit faite, le maréchal réunit tout ce
qui était encore capable de se soutenir, tout ce qui
conservait quelque force morale et physique... Il
s'achemina en silence vers le Dniéper.

Dans l'obscurité, dans la confusion où l'on était,
on pouvait craindre de se tromper sur la direction à
suivre, et de retomber au milieu des bivouacs de
l'ennemi. Un petit ruisseau gelé, qui devait évidemment aboutir au Dniéper, servit de guide. On suivit
son cours ; on arriva ainsi au bord du fleuve. Heureuse
faveur de la nature, bien due à l'héroïsme du maréchal et de ses soldats ! Le Dniéper était gelé, non pas
très-solidement, mais assez pour passer avec précau-
tion, et en s'assurant à chaque pas de la solidité de

1. Le Dniéper est un grand fleuve de la Russie, qui coule à droite
de la route suivie par notre armée.

la glace sur laquelle on cheminait. Dans certains en-
droits, on trouva des crevasses. On y jeta quelques
planches, et on parvint ainsi à gagner l'autre rive.

Pour l'artillerie, pour les voitures de bagages, le
trajet était plus difficile. Quelques pièces de canon
avec leurs caissons passèrent, quelques voitures de
bagages aussi. On laissa le reste, s'inquiétant peu de
ce qui ne pouvait pas suivre, et ne tenant à sauver
que ce qui aurait la résolution de marcher sans relâ-
che et jusqu'à épuisement de forces...

Le Dniéper franchi, on prit à gauche, et on longea le
fleuve dans la direction d'Orscha. On avait quinze ou
seize lieues à parcourir à travers un pays inconnu,
et par conséquent pas un moment à perdre. — On
traversa un premier village rempli de cosaques, mais
endormis. On les tua, et on passa outre. — Le 19 au
matin, à la pointe du jour, marchant toujours à perte
d'haleine, on aperçut de nouveaux cosaques sur ses
flancs, mais encore en petit nombre, et on n'en tint
pas compte. Vers le milieu du jour, on rencontra des
villages dont les habitants surpris abandonnèrent à
nos soldats affamés quelques provisions que ceux-ci
se hâtèrent de dévorer. A peine ce repas terminé, les
cosaques arrivèrent, cette fois en grand nombre, commandés par Platow lui-même, ayant comme les jours
précédents leur artillerie sur traîneaux. Il n'y avait
pas là de quoi enfoncer les carrés de nos intrépides
fantassins, mais de quoi nous faire perdre du temps
et des hommes, car il fallait s'arrêter quelquefois
pour se former en carré, repousser les cavaliers ennemis, puis se remettre en marche, et dans ces évo-
lutions on laissait toujours sur la route ou des blessés
ou des marcheurs exténués de fatigue.

Vers la chute du jour, on fut assailli par une telle

masse d'ennemis, et enveloppé de telle façon, que la route semblait coupée Toutefois on se jeta dans les bois qui bordent le Dniéper, et on se défendit le long d'un ravin jusqu'à la nuit. La nuit venue, on chemina au hasard à travers ces bois, on se dispersa souvent et on avança au milieu d'affreuses perplexités. Vers minuit, ralliés par les feux les uns des autres, on finit par se réunir autour d'un village où il y avait quelques vivres.

A deux heures du matin on partit, afin de parcourir dans cette journée du 20 les quelques lieues qui restaient à faire pour arriver à Orscha. — Sans tenir compte de la fatigue de ceux qui étaient déjà épuisés par les journées du 18 et du 19, on se mit en route avec l'espérance de triompher des dernières difficultés, si comme la veille on n'avait à sa suite que les cavaliers de Platow, quelque nombreux qu'ils fussent.

Vers le milieu du jour on eut malheureusement à traverser une vaste plaine, dans laquelle les bandes de Platow, plus considérables que la veille, fondirent sur nos fantassins avec beaucoup d'artillerie. — Le maréchal Ney forma sur-le-champ les restes de sa petite troupe en deux carrés, plaça dans l'intérieur de ces carrés quelques pauvres traînards qui s'étaient attachés à sa colonne, quelques soldats qui n'avaient pu suivre qu'en laissant échapper leurs armes, et les maintint contre les attaques réitérées des Cosaques, qui mettaient à honneur d'avoir vaincu au moins une fois un lambeau quelconque de l'infanterie française.

C'était bien le cas de s'y obstiner, tant elle était peu nombreuse dans cette rencontre, tant on était nombreux soi-même, et tant était grande la gloire de prendre, ou de tuer au moins d'un coup de lance le maréchal Ney. Il n'en fut rien cependant. L'illustre maréchal soutint ses soldats prêts plusieurs fois à défaillir de fatigue et de découragement, car on ne voyait pas encore Orscha.

Après avoir repoussé les cosaques et leur avoir tué bien du monde, on gagna un village où l'on trouva un abri, et où l'on prit quelque nourriture. Le maréchal avait envoyé un Polonais porter à Orscha la nouvelle de sa miraculeuse retraite, et demander du secours. On s'y achemina dans la seconde moitié du jour, et vers la nuit on finit par en approcher. Arrivé à une lieue de distance, on aperçut... des colonnes de troupe. Étaient-ce les Français, étaient-ce les Russes ? — Le maréchal, toujours confiant et comptant sur l'avis qu'il avait fait tenir à Orscha, n'hésita pas, s'avança, et entendit parler français : c'étaient le prince Eugène et le maréchal Mortier, qui... venaient au secours de leur camarade... On se jeta dans les bras les uns des autres, on s'embrassa avec effusion, et dans toute l'armée ce ne fut qu'un cri d'admiration pour l'héroïsme du maréchal Ney.

A. THIERS.

(Tome XIV, livre XLV.) Furne, Jouvet et C*.

WATERLOO

Waterloo! Waterloo! Waterloo! morne plaine!
Comme une onde qui bout dans une urne trop pleine,
Dans ton cirque de bois, de coteaux, de vallons,
La pâle mort mêlait les sombres bataillons,
D'un côté c'est l'Europe et de l'autre la France.
Choc sanglant! des héros Dieu trompait l'espérance;
Tu désertais, Victoire, et le sort était las.
O Waterloo! je pleure et je m'arrête, hélas!
Car ces derniers soldats de la dernière guerre
Furent grands; ils avaient vaincu toute la terre,
Chassé vingt rois, passé les Alpes et le Rhin,
Et leur âme chantait dans les clairons d'airain!

Le soir tombait; la lutte était ardente et noire.
Il avait l'offensive et presque la victoire;
Il tenait Wellington acculé sur un bois.
Sa lunette à la main, il observait parfois
Le centre du combat, point obscur où tressaille
La mêlée, effroyable et vivante broussaille,
Et parfois l'horizon, sombre comme la mer.
Soudain, joyeux, il dit: Grouchy! — C'était Blücher!
L'espoir changea de camp, le combat changea d'âme.
La mêlée en hurlant grandit comme une flamme.
La batterie anglaise écrasa nos carrés.
La plaine où frissonnaient les drapeaux déchirés,
Ne fut plus, dans les cris des mourants qu'on égorge,
Qu'un gouffre flamboyant rouge comme une forge;

Gouffre où les régiments, comme des pans de murs,
Tombaient, où se couchaient comme des épis mûrs
Les hauts tambours-majors aux panaches énormes,
Où l'on entrevoyait des blessures difformes !
Carnage affreux ! moment fatal ! l'homme inquiet
Sentit que la bataille entre ses mains pliait.
Derrière un mamelon la garde était massée,
La garde, espoir suprême et suprême pensée !
— Allons ! faites donner la garde, cria-t-il,
Et lanciers, grenadiers aux guêtres de coutil,
Dragons que Rome eût pris pour des légionnaires,
Cuirassiers, canonniers qui traînaient des tonnerres,
Portant le noir colback ou le casque poli,
Tous, ceux de Friedland et ceux de Rivoli,
Comprenant qu'ils allaient mourir dans cette fête,
Saluèrent leur dieu, debout dans la tempête.
Leur bouche, d'un seul cri, dit : Vive l'empereur !
Puis, à pas lents, musique en tête, sans fureur,
Tranquille, souriant à la mitraille anglaise,
La garde impériale entra dans la fournaise.
Hélas ! Napoléon sur sa garde penché,
Regardait, et sitôt qu'ils avaient débouché
Sous les sombres canons crachant des jets de soufre,
Voyait, l'un après l'autre, en cet horrible gouffre,
Fondre ces régiments de granit et d'acier,
Comme fond une cire au souffle d'un brasier.
Ils allaient, l'arme au bras, front haut, graves, stoïques.
Pas un ne recula. Dormez, morts héroïques !
Le reste de l'armée hésitait sur leurs corps,
Et regardait mourir la garde. — C'est alors
Qu'élevant tout à coup sa voix désespérée,
La Déroute, géante à la face effarée,
Qui, pâle, épouvantant les plus fiers bataillons,
Changeant subitement les drapeaux en haillons,

A de certains moments, spectre fait de fumées,
Se lève grandissante au milieu des armées,
La Déroute apparut au soldat qui s'émeut,
Et se tordant les bras, cria : Sauve qui peut !
Sauve qui peut ! affront ! horreur ! toutes les bouches
Criaient ; à travers champs, fous, éperdus, farouches,
Comme si quelque souffle avait passé sur eux,
Parmi les lourds caissons et les fourgons poudreux,
Roulant dans les fossés, se cachant dans les seigles,
Jetant shakos, manteaux, fusils, jetant les aigles,
Sous les sabres prussiens, ces vétérans, ô deuil !
Tremblaient, hurlaient, pleuraient, couraient ! En un
[clin d'œil,
Comme s'envole au vent une paille enflammée,
S'évanouit ce bruit, qui fut la grande armée.
Et cette plaine, hélas !... où l'on rêve aujourd'hui
Vit fuir ceux devant qui l'univers avait fui !
Quarante ans sont passés, et ce coin de la terre,
Waterloo, ce plateau funèbre et solitaire,
Ce champ sinistre où Dieu mêla tant de néants,
Tremble encor d'avoir vu la fuite des géants.

Victor Hugo.

LA FRANCE

RÉCIT DU DUC GODEFROY DE BOUILLON

Un vieux moine m'offrit un parchemin, un jour,
Où se voyait le monde entier dans son contour.
J'y reconnus fort bien les mers et les rivières,
Et les grands continents où les races guerrières

Depuis le péché d'Ève et le courroux de Dieu,
Se heurtent en luttant par le fer et le feu...
... Comme j'étais alors pensif et regardant
Ce beau dessin du moine étendu sur ma table,
J'aperçus un pays chétif et misérable
A le voir tout d'abord — tant il était petit.
Du doigt je le montrais au moine qui me dit :
... « Sire duc Godefroy, cette terre est la Gaule,
La France ! Et c'est ici, dans cet étroit terrain,
Que palpite avec Dieu le cœur du genre humain... »
Ce moine, fort savant, me fit comprendre alors,
En dirigeant mes yeux du centre vers les bords,
Qu'il est d'autres pays, lointains et redoutables,
Où grouillent dans la nuit des peuples innombrables,
Peuples qui jaillissant des siècles tour à tour,
Accourent vers la France ainsi qu'on vient au jour.
Il m'en nomma beaucoup : des Huns et des Avares,
Des Vandales, des Goths, des Germains, tous barbares
Ne laissant que ruine et débris derrière eux.
Mais ces loups affamés, nos pères généreux,
Toujours prêts au combat, sans nulle défaillance,
Les ont tous dispersés sous leur fer, et la France,
Réjouissant de Dieu le regard paternel,
Est France, reste France et rit encore au ciel !

MARC-BAYEUX[1].

(Les Croisés.)

1. On a dû se résigner, pour insérer ce morceau, à modifier un petit
nombre de vers. — Il est facile de distinguer à leur vigueur et à leur
forme magistrale ceux qui sont l'œuvre du poète lui-même.

SEPTIÈME SÉRIE

L'INSTRUCTION

« C'est dur tout de même d'étudier.

— Hé ! tout est dur dans ce monde. Si les pommes et les poires roulaient sur la grande route, on ne planterait pas d'arbres ; si le pain venait dans votre poche, on ne retournerait pas la terre, on ne sèmerait pas le grain, on ne demanderait pas la pluie et le soleil, on ne faucillerait pas, on ne mettrait pas en gerbes, on ne battrait pas en grange, on ne vannerait pas, on ne porterait pas les sacs au moulin, on ne moudrait pas, on ne traînerait pas la farine chez le boulanger, on ne pétrirait pas, on ne ferait pas cuire ; ce serait bien commode, mais ça ne peut pas venir tout seul, il faut que les gens s'en mêlent. Tout ce qui pousse seul ne vaut rien, comme les chardons, les orties, les épines et les herbes tranchantes au fond des marais. Et plus on prend de peine, mieux ça vaut ; comme pour la vigne au milieu des pierrailles, sur les hauteurs, où l'on porte du fumier dans les hottes ; c'est aussi bien dur, Jean-Pierre, mais le vin est aussi bien bon. Si tu voyais en Espagne, dans le

midi de la France et le long du Rhin, comme on travaille au soleil pour avoir du vin, tu dirais : « C'est
encore bien heureux de rester assis à l'ombre et d'apprendre quelque chose qui nous profitera toujours ! »
Maintenant je te fais retourner et ensemencer à l'école,
et plus tard qui est-ce qui coupera le grain? qui est-
ce qui aura du pain sur la planche? — C'est toi ! »

ERCKMANN-CHATRIAN.

(Histoire d'un homme du peuple.) Hetzel et C°.

JUGEMENT PORTÉ SUR LA FRANCE

PAR UN OFFICIER SUPÉRIEUR ALLEMAND

Dans une campagne comme celle de 1870-71, qui a
conduit nos armées au milieu de la belle France, le
soldat apprend à se faire du pays et des habitants une
tout autre idée que le commun des touristes qui ne
visitent guère que les grandes villes.

Cette guerre nous a donné pour la première fois
l'occasion de connaître et d'apprécier la variété et les
contrastes du paysage de France.

C'est au gouvernement de Louis-Philippe et de Napoléon III que la France doit son incomparable réseau
de voies de communication par terre et par eau. A
l'exception d'un petit nombre de départements, le
sol est d'une rare fertilité. L'agriculture et l'industrie
sont partout dans l'état le plus florissant, et l'exportation des produits rapporte au pays des sommes

énormes. Mais tandis que le commerce, l'industrie et, par suite, l'aisance ne cessent d'être en progrès, il est impossible de méconnaître les symptômes qui indiquent la décadence du talent dans l'ensemble de la nation.

C'est la centralisation politique et administrative qui l'a insensiblement énervée, l'a peu à peu déshabituée d'agir par elle-même et semble l'avoir pour jamais dépouillée de la faculté de vouloir.

De plus, les changements continuels de gouvernement, les révolutions et les coups d'État qui se sont succédé depuis quatre-vingts ans, ont fini par lui ôter toute foi à un idéal politique quelconque.

Celui qui ne juge pas les Français seulement par les lèvres, mais qui les observe d'un œil attentif et impartial, reconnaît bientôt que leur caractère est, sous certains rapports, plus défectueux ; sous d'autres, meilleur qu'on ne le représente communément.

La masse du peuple français se compose de gens paisibles, réfléchis, laborieux, mais dans lesquels l'éducation n'a point engendré le patriotisme, et qui, par suite, ne ressentent jamais la moindre envie d'en donner des preuves en s'intéressant sérieusement et sans ambition personnelle aux affaires du pays.

Il suffit de causer quelques instants avec de vrais Français, braves paysans ou bons bourgeois des petites villes, pour apercevoir leur indifférence à l'égard de la patrie, ne fût-ce que par leur aversion profonde et nullement déguisée pour le service militaire. « Si j'avais sept fils, me disait un de ces braves gens, je n'en laisserais pas un seul devenir soldat. »

La société française est aujourd'hui profondément matérialiste. Le Français est économe, casanier et laborieux ; sa grande affaire est d'amasser, par le tra-vail et l'épargne, de quoi devenir rentier, afin de pou-voir passer les dernières années de sa vie dans sa petite maison avec son petit jardin, sans souci et sans fatigue. C'est là le rêve de tous.

Un trait caractéristique de la famille française, c'est la position qu'y occupent les femmes. Le code Napoléon les a mises sur le pied d'une complète éga-lité de droits, et le père de famille doit partager son bien par égales portions entre tous ses enfants, gar-çons ou filles. Aussi les femmes apportent-elles en moyenne à la communauté conjugale une dot bien plus considérable qu'en Allemagne. La manière dont les frères se comportent à l'égard de leurs sœurs est vraiment admirable ; chaque frère regarde comme un devoir d'honneur de pourvoir sa sœur à défaut du père et de lui procurer un bon mariage. Les rapports entre maîtres et domestiques ne méritent pas moins, en général, d'être proposés pour modèles. Nulle part ailleurs qu'en France on ne trouve tant de ces vieux serviteurs ou servantes qui ont passé toute leur vie dans la famille de leurs maîtres, aux intérêts des-quels ils sont fidèlement dévoués.

Dans le cercle de sa commune, comme dans celui de sa famille, le Français montre, en général, des qualités tout à fait estimables. Le plus riche se charge volontairement des laborieuses fonctions de maire. L'administration communale est excellente.

L'enseignement primaire est partout gratuit, mais jamais obligatoire. Si la France voulait faire pour l'instruction du peuple ce que fait l'Amérique, elle devrait, eu égard au chiffre de sa population, consa-crer aux écoles 400 millions chaque année ; mais c'est là un effort dont l'esprit français est incapable.

Depuis le système de nivellement intellectuel appliqué à la France par Napoléon Ier, l'étude sérieuse, fortifiante des sciences a été de plus en plus mise de côté. Par suite, le peuple s'est épris d'une littérature aussi vide que brillante; un genre déclamatoire et théâtral est devenu le goût dominant; l'esprit public, tout superficiel, ne forme plus qu'un triste contraste avec cet esprit sérieux, profond, puissamment créateur, qui a jadis appelé à l'existence ces milliers de monuments admirables de l'architecture romane et gothique, que nous trouvons épars sur le territoire français, jusque dans les plus petites villes et les plus humbles villages. L'esprit français ne connaît plus le sentiment religieux dans ce qu'il a de profond et d'intime; il est ballotté entre une incrédulité frivole et moqueuse, et des croyances trop souvent étroites et peu faites pour fortifier l'âme et l'élever.

Un des traits les plus remarquables du caractère des Français, c'est la résignation, le calme et la dignité avec lesquels le Français accepte la souffrance et la mort, comme nous en avons souvent été témoins dans le cours de la guerre.

Le soldat français est singulièrement docile, bon camarade, supportant la douleur avec patience. Mais toutes ces vertus sont rendues inutiles par l'indolence, le défaut d'énergie et l'absence de patriotisme.

Cette indifférence pour la patrie, qui a pour principale cause *le manque d'instruction*, et qui fait que le sort du pays est souvent abandonné aux mains d'un petit nombre d'ambitieux et de rêveurs, s'est beaucoup accrue de 1851 à 1870. C'est dans cette période qu'a grandi cet esprit matérialiste, frivole, dépourvu d'idéal, qui a creusé un si profond abîme entre la littérature du jour et celle du siècle de Louis XIV.

Nous n'avons qu'à jeter un coup d'œil sur l'histoire de France depuis 1814 pour y trouver la triste preuve que, dans ce pays, il suffit que quelques aventuriers osent s'emparer du gouvernail, pour qu'on leur laisse diriger à leur gré la machine de l'État.

La grande masse est purement conservatrice, indifférente pour tous les intérêts publics, et abandonnant par amour du repos la conduite des affaires à la puissance du moment. Dans chaque village, deux ou trois hardis coquins peuvent s'ériger en maîtres et sont sûrs d'être obéis. Les épouvantables excès de septembre 1792, et ceux de la Commune dans ces derniers temps, n'ont pas été commis par des fanatiques, mais par de petits bourgeois, tremblants, lâches et sans volonté, qui n'étaient que des instruments entre les mains de leurs chefs tyranniques.

Conférence faite à Berlin par un chef d'escadron
de l'état-major allemand en 1872-73.

SOUPÇONNEUX ET CRÉDULES

Un défaut qu'on a remarqué chez nous, c'est que nous ne pouvons supporter le poids de l'insuccès, non pas que nous ne sachions, aussi bien que d'autres peuples, résister à la mauvaise fortune et trouver en nous les ressources nécessaires pour y faire face; — mais nous avons besoin avant tout de détourner sur quelqu'un la responsabilité de nos malheurs, pour nous en décharger et l'en écraser. — Disposition dangereuse qui risque d'augmenter le mal en semant partout la défiance, et en irritant les uns contre les autres ceux qui auraient besoin de rester unis ! Quand on recherche les causes de ce travers, on voit qu'il provient surtout d'une ignorance qui n'a même pas entrevu la possibilité d'un échec, et qui, pour expliquer des revers inattendus, se détourne de la réalité et se jette dans les suppositions les plus vaines et les soupçons les plus flétrissants. Quelles folles idées le malheur n'a-t-il pas suggérées à nos soldats !

On devrait enseigner par des exemples comment la fortune a trompé les entreprises les mieux conçues et les plus habiles, comment une nation s'honore en respectant ses chefs malheureux, comment le plus sûr moyen pour un peuple de triompher des plus grands périls, c'est la confiance et la concorde.

On n'aura pas de peine à faire accepter cette leçon, si l'on montre que ceux qui prononcent le plus facilement le mot honteux de TRAHISON, sont ordinairement les mêmes qui, à l'heure où il aurait fallu réfléchir, avaient été les plus empressés à aliéner la liberté de leur jugement et qui avaient voulu imposer à tout le monde une foi aveugle. Soyons circonspects quand il s'agira de nommer nos mandataires, qui auront entre leurs mains notre sort et celui de la patrie : c'est alors qu'il faut être défiants et craindre les mauvais choix comme un malheur public. A l'heure de l'action, laissons le soupçon aux têtes faibles et aux âmes serviles.....

... Une des choses dont l'Europe, pendant la dernière guerre, a été le plus étonnée, c'est de voir combien la raison du peuple français était peu mûrie et peu ferme. Le courage de la nation s'est montré tel qu'on l'avait connu en tous les temps ; mais

on a été effrayé de trouver une telle inexpérience de
pensée, un si grand désarroi intellectuel. Il est pé-
nible de dire, mais il faut avoir le courage de dire
que les Allemands nous trouvaient naïfs ; nous pensions, avec des proclamations lancées du haut d'un
ballon, détacher de leur chef les soldats d'une armée
victorieuse. Les prisonniers se jouaient de nous
avec la plus grande facilité ; ils savaient avec quelles
paroles ils étaient sûrs de gagner nos cœurs. Un des
signes de l'inexpérience, c'est la confiance excessive
mise dans un homme ; pour les enfants, les choses
existent à peine, les hommes sont tout. Nous ne savions pas nous rendre compte de la difficulté d'une
entreprise, ni proportionner les moyens au but, ni
entrer dans la pensée de nos adversaires pour nous
mettre en défense contre leurs projets et pour les
prévenir.

MICHEL BRÉAL.

HUITIÈME SÉRIE

OUVERTURE D'UNE TRANCHÉE

Le fusil en bandoulière, la pelle et la pioche sur l'épaule, nous nous dirigeâmes, sous le commandement des officiers du génie, vers le dépôt des gabions. On nous distribua un gabion par homme.

Quand la nuit fut venue, nous chargeâmes notre nouveau fardeau, et, en ordre, sur un rang, en silence, nous marchâmes résolûment vers la ligne où un cordeau tendu indiquait le point de départ de ce réseau de tranchées qui devait atteindre 100 kilomètres de longueur et étreindre un jour Sébastopol jusqu'à la mort. — Arrivés au cordeau, nous nous plaçâmes à 1 mètre les uns des autres; chacun de nous planta son gabion en terre devant lui, et, tenant toujours à sa portée son arme et ses outils, se coucha à plat ventre contre cet abri.

Quand tous les travailleurs furent ainsi rangés, le chef du génie lança à voix basse le commandement: « Haut les bras! » qui fut répété sur le même ton d'un bout à l'autre de la ligne. Nous nous levâmes aussitôt comme un seul homme et huit cents pioches frappèrent d'un même coup le sol de la Crimée.

Heureusement un vent du nord-est assez fort dérobait le bruit aux sentinelles russes et l'emportait vers la mer. La lune éclairait faiblement la scène et le sillon s'approfondissait sans que la place parût s'en douter. — Mais si les canons du bastion du Mât, dont les gueules regardaient vers nous, s'étaient mis à tonner tout à coup, comme cela arrivait souvent, malheur à qui se serait trouvé à découvert!

Nous le savions tous. Aussi était-ce à qui d'entre nous fouillerait le roc avec le plus d'ardeur. Il y allait pour nous de l'honneur et de la vie. Le cœur me battait; chaque fois que je me relevais pour respirer, il me semblait ouïr le bruit d'une marche sourde et un cliquetis de baïonnettes; les signaux qui flamboyaient, en face de moi et au loin, à travers la rade, ne signifiaient-ils pas l'ordre de tirer? — Et, vite, je me remettais à l'œuvre avec plus d'entrain encore.

Quelquefois nos officiers se portaient en avant et collaient l'oreille contre terre pour s'assurer à la fois que le bruit des pics n'arrivait pas à l'ennemi et que l'ennemi, de son côté, ne se mettait pas en mouvement contre nous. Rien de part ni d'autre. Impossible aux Russes de rien soupçonner.

Les officiers, au retour, parcouraient les ateliers, et nous jetaient tout bas cette réconfortante nouvelle. On travaillait avec une nouvelle ardeur.

Grâce à ces alternatives de confiance et de crainte, le déblai ne tarda pas à s'élever plus haut que les fascines. Chaque piocheur à l'abri au fond de la rigole qu'il venait de creuser, put reprendre haleine et essuyer la sueur de son front. Pour mon compte, je bénis Dieu du fond de mon cœur; il me semblait

que la pâle lueur de la lune était devenue claire et
gaie. L'orage pouvait éclater, je le défiais.

Les angoisses des soldats d'avant-poste n'en restaient pas moins cruelles. Ils avaient à la hâte prati-
qué des trous en terre et s'y tenaient blottis, immobiles. L'ordre était de ne pas faire feu en cas d'alerte,
et les pas des patrouilles de cosaques résonnaient
parfois si près d'eux, qu'ils se croyaient à tout moment sur le point d'être découverts. Les plus intrépides, ceux qui avaient le mieux payé de leur personne à l'Alma, soupiraient après la fin de cette
faction nocturne. Ils n'en restèrent pas moins fidèles
à leur consigne jusqu'au bout.

Grâce à Dieu la brise ne fléchit pas, et, au point du
jour, la tranchée était ébauchée sur un développe-
ment de plus de 1 000 mètres et à une profondeur
suffisante pour protéger la circulation.

Capitaine A. LELORRAIN.

LE SERGENT

Il n'était ni petit ni grand, la tête rase,
Avec une balafre allant du front au cou,
Bien planté sur ses pieds, bien campé sur sa base,
Souple comme une épée et maigre comme un clou.
Ses dents blanches riaient sous ses grosses mous-
[taches;
Le nez brusque et hardi s'arrêtait coupé court,
Et sous ses noirs sourcils, deux points, deux trous,
[deux taches
Flamboyaient comme deux sarments au fond d'un four.

Qu'il eût connu la peur à sa première affaire,
Ses chefs disaient que non ; lui, prétendait que si,
Mais qu'ayant sur-le-champ eu l'art de s'en défaire
En la passant à ceux qui l'effrayaient ainsi,
Il n'en avait dès lors gardé pour sa personne,
Que juste ce qu'il faut pour ne pas se blaser,
Un brin de peur, de quoi sentir que l'on frissonne,
Histoire de frémir comme sous un baiser...
Et quand on lui disait que c'était grand dommage
Qu'un sergent comme lui restât toujours sergent :
« Eh bien, quoi ! si l'oiseau vaut mieux que son plumage
» Ça ne vous suffit pas ?... Le monde est exigeant ! »
D'ailleurs grand connaisseur et grand artiste en guerre,
Sachant comme pas un vous fouiller un pays,
Entraîner les soldats, culbuter l'adversaire,
Donner des ordres nets, nettement obéis.
Avec ça, prévoyant comme trois majordomes,
Prodiguant au *frichti* ses soins intelligents,
Adorant son métier, adoré de ses hommes :
Bref, le dieu des troupiers et le roi des sergents !

PAUL DEROULÈDE.

GARDE DE TRANCHÉE

PAR UNE NUIT DE NOVEMBRE

Nous nous trouvions, à sept heures, installés dans
notre tranchée, livrés à nous-mêmes pour la nuit
entière. Le ciel était sombre, la terre détrempée par

la pluie : il avait fallu presque nous mettre à la nage pour atteindre notre poste.

Aussi, une fois seul, le nez dans mon manteau, j'aurais bien vite *broyé du noir*, sans la contenance de mes camarades. Tous ces braves garçons avaient depuis longtemps monté leur cœur au niveau de nos épreuves. Ceux qui, en partant, se lamentaient comme des enfants, s'étaient transformés déjà en soldats de vieille roche. Ils causaient tranquillement ensemble de leurs familles, du pays, des joies du retour, ou bien discutaient les projets et les forces de l'ennemi. De temps en temps un joyeux propos faisait partir un éclat de rire étouffé, ou bien un refrain, entonné par l'un, était achevé en sourdine par tous les autres.

En les entendant, j'aurais eu honte de rester abattu : par un effort d'énergie, je ramenai la sérénité dans mon esprit. Ce fut pour moi, je m'en souviens, un bon moment. Le sentiment de l'empire que je prenais sur moi-même, le plaisir âpre de souffrir, le sourire aux lèvres, ce que tant d'autres jeunes gens, élevés comme moi, n'auraient peut-être pas supporté, surtout l'idée de la patrie que, de cette tranchée, il me semblait, pour la première fois, voir se dresser, vivante et lumineuse, en face de moi, tout me remplissait le cœur d'une joie mâle et fortifiante.

D'ailleurs la place, la mer, la campagne, tout, autour de nous, était tranquille : pas un mouvement aux avant-postes, pas un appel de sentinelle ; on distinguait vaguement, au delà du camp, le cri des chouettes. — Le coq chanta pour la troisième fois. Tout à coup, comme par boutade, les batteries ennemies se mirent à tirer.

Debout et attention ! — A chaque salve une bombe arrivait à notre adresse, et nous, d'entrer en danse

au cri de : « Gare la bombe ! » Celui-ci courait se blot-
tir derrière un affût ; un autre se collait contre une
traverse ; un autre se jetait à plat ventre dans une
mare. Le danger passé, on se relevait, on se comptait,
on riait. Deux fois seulement, un camarade ne se releva
pas. « Vite un brancard : un blessé ! » Deux hommes
de bonne volonté portaient la victime à l'ambulance.
Puis on attendait une nouvelle alerte.

Enfin la canonnade s'arrêta et le calme se rétablit.
Nous avions encore, jusqu'à l'aube, près de cinq
heures à attendre. L'air était froid et pénétrant ; il
tombait une pluie fine ; la fatigue nous accablait.
J'entendais mes compagnons murmurer et jurer ;
déjà, malgré le double danger des bombes et des
rhumatismes, quelques-uns commençaient à s'arran-
ger pour dormir. Longtemps je me raidis ; mais mes
idées s'embrouillaient ; j'avais beau me répéter les
mots : « devoir, patrie ! » je les prononçais sans les
comprendre ; tout à coup le sommeil me prit moi-
même.

Heureusement notre lieutenant, un jeune homme
de vingt-deux ans, avait de l'énergie pour ceux qui
en manquaient. A peine avais-je laissé aller ma tête
sur mon épaule, que j'entendis sa voix brève : « Brigadier ! » — Je me relevai brusquement. « C'est bien
pour cette fois, me dit-il, mais que je ne vous y re-
prenne plus ! Allez me secouer les deux canonniers,
qui dorment là, contre ce gabion. » J'obéis. Pendant le
reste de la nuit, je n'eus plus même la tentation de
dormir. Tranquille comme s'il eût été dans sa tente,
la tête haute, la voix calme, le lieutenant allait et
venait, encourageant les uns, interpellant les autres.
Sitôt qu'un des hommes manquait à son poste, il me
mettait à ses trousses ; avant qu'il eût eu le temps de

se coucher, je l'avais secoué rudement et, au besoin, ramené par le collet.

Le jour gris se montra enfin, et nous nous réunîmes pour boire à la ronde la goutte du matin. Tout le monde était dispos, et les misères de la nuit furent bien vite oubliées. — Dans la batterie voisine, au contraire, on ne voyait que des mines sépulcrales, et nous saluâmes au passage les restes d'un pauvre diable qu'une bombe y avait broyé près du gabion écarté qui lui servait d'oreiller.

Capitaine A. LELORRAIN.

L'ARRIÈRE-GARDE

C'était après un jour de lutte et de défaite,
Hélas! de pareils jours furent nombreux pour nous!
L'armée en désarroi commençait la retraite,
Et la neige montait, froide, jusqu'aux genoux.

Les vainqueurs cependant, épuisés de victoire,
Respectaient ce départ par crainte d'un retour :
On marchait ; le sol blanc rendait la nuit moins noire,
Et l'on eut vite atteint les forêts d'alentour.
Soudain, malgré tout ordre, et malgré toute crainte,
On vit s'arrêter là cette armée aux abois ;
Un tison ralluma bientôt la pipe éteinte,
Et les feux du bivouac illuminaient les bois.
On eût dit une halte au fond d'un cimetière.
La neige parcourue était rouge de sang,
Et lassés des efforts d'une journée entière,
Tous les soldats mêlés ne cherchaient plus leur rang,

Ils tombaient harassés au hasard de la place,
Devant le premier feu, dans le premier ravin ;
Et plus d'un s'endormit ce soir-là sur la glace,
Que ne réveilla pas le jour du lendemain.

O nuit ! cruelle nuit, pleine de funérailles !
Ce n'était pas assez de luttes, de batailles,
Et du fer et du plomb, ce n'était pas assez !
Quand on était sorti vivant de ces mitrailles,
Le froid prenait au cœur et la faim aux entrailles,
Et l'on crevait, ainsi qu'un chien dans les fossés.

Or les Prussiens, voyant ces lueurs dans l'espace,
Comprirent qu'ils pouvaient alors continuer,
Que les chefs étaient las ; que l'armée était lasse ;
Et comme des chacals reprennent une trace,
Ils partirent flairant des blessés à tuer.
La lisière du bois était gardée à peine,
Et le sursaut fut grand, et grandes les clameurs,
Lorsque sur le chemin la colonne prussienne
Déboucha, tiraillant gaîment sur les dormeurs.

« Ah ! trahison ! » Ce fut le cri de la déroute ;
Mais un vieil officier — un Français, celui-là —
Rallia les fuyards au milieu de la route,
Fit éteindre les feux sous la neige et resta.
Alors sous le ciel noir et sur la terre sombre,
La lutte commença, — lutte d'agonisant ! —
Les fusils jetaient seuls leurs clartés dans cette ombre
Et les branches du bois sifflaient en se brisant.
De longs cris dominaient la mêlée incertaine :
« *Kœnig und Vaterland !* » chantaient les Prussiens
« Pour la France ! » avait dit notre vieux capitaine
Et répétant ces mots d'espérance et de haine,
Chacun dans cette nuit reconnaissait les siens.

Au milieu d'un de ces silences pleins d'alarmes,
Comme il en est pendant qu'on recharge les armes,
Et que les combattants, par un commun accord
Suspendant le combat, laissent souffler la mort,

Un éclair traversa la broussaille voisine ;
Le capitaine mit la main sur sa poitrine :
« Au cœur ! » murmura-t-il déjà mort à demi !
Mais avant de tomber, plantant son sabre en terre :
« C'est ici, mes enfants, que je veux qu'on m'enterre.
Honte à qui laisserait mon corps à l'ennemi ! »

Il tomba, vomissant le sang à pleine bouche.

Et comme si son âme eût passé dans les cœurs,
Tous ces hommes, saisis d'un courage farouche,
Se ruèrent hurlant au milieu des vainqueurs.

. . . .

Nous avons eu parfois de ces courtes revanches !
Et lorsque le soleil apparut dans les branches,
Comme un masque de pourpre à travers des barreaux,
Tout s'était apaisé dans la forêt meurtrie,
La tombe se creusait au sol de la patrie,

Et les martyrs avaient dispersé les bourreaux.

Paul Déroulède.

(Chants du soldat.)

VILLE AU PILLAGE

Dans l'hiver de 1807, au moment où Napoléon et la grande armée, établis en Pologne, allaient livrer aux Russes la bataille d'Eylau, les troupes françaises occupaient le royaume de Prusse, conquis en quelques semaines, après la journée d'Iéna.

Un bataillon du 84° de ligne était cantonné dans une petite ville du Brandebourg. Presque tous les habitants, obligés de loger et de nourrir les soldats, les traitaient bien et leur faisaient bonne mine. Pourtant quelques patriotes prussiens, mais en très-petit nombre, gardaient une attitude hostile ; deux ou trois coups de fusil avaient même été tirés, sans résultat, sur les sentinelles. Une nuit, enfin, un officier de ronde tomba frappé d'une balle, sans qu'on réussît à découvrir de quelle main elle était partie.

Le rapport adressé à l'empereur sur ce triste incident en exagéra l'importance. Napoléon redoutait un soulèvement de l'Allemagne, qui éclatant sur les derrières de la grande armée, aurait coupé ses communications avec la France : aussi ne voulut-il pas laisser impuni un meurtre qu'on lui présentait comme un symptôme inquiétant. Quelques jours après arriva du quartier général impérial l'ordre de livrer la ville au pillage.

Qu'on se figure l'effroi de la population en apprenant cette terrible nouvelle. Pauvres comme riches, tout le monde était dans le désespoir. Heureusement, le chef du bataillon cantonné dans la ville, le commandant Dauphin, était un officier intelligent et résolu : convaincu de l'inutilité de la répression ordonnée et assuré des sentiments pacifiques des habitants, il se fit leur défenseur.

Il alla trouver le général commandant supérieur à Berlin, et obtint qu'il écrivît à l'empereur pour exposer de nouveau l'affaire et solliciter la grâce de la population. Le général prit sur lui d'accorder un sursis suffisant pour laisser à la réponse de l'empereur le temps d'arriver.

Malgré cette bonne nouvelle, la consternation et l'angoisse des pauvres gens restèrent si grandes qu'ils en perdaient toute présence d'esprit. Il fallut que le commandant lui-même leur conseillât de profiter du temps qui leur restait pour mettre en sûreté leurs meubles les plus précieux, au lieu de fatiguer ses soldats de leurs lamentations.

Cependant, la réponse du quartier général s'étant fait attendre au delà du délai convenu, le commandant supérieur n'osa plus différer l'exécution des ordres de l'empereur, et, tout en autorisant le commandant à user de son influence pour en adoucir la rigueur, il lui enjoignit de prendre ses mesures en conséquence.

L'heure du pillage fut donc fixée. Quand elle sonna, les tambours battirent la générale et les soldats se rassemblèrent au milieu des larmes et des cris des enfants et des femmes. Les rangs une fois formés, le commandant Dauphin poussa son cheval vers le front du bataillon : « Soldats, dit-il, la ville vous est livrée. Que tous ceux qui veulent ruiner et désoler les familles qui les ont reçus amicalement et les nourrissent depuis un mois, sortent des rangs ! »

Personne ne bougea.

Le commandant répéta son appel.

Pas un mouvement.

Le commandant leva son épée : un immense cri de Vive l'empereur ! sortant des poitrines de six cents braves, répondit au sien. Le bataillon rompit ses rangs et les soldats regagnèrent paisiblement leurs logements.

Le surlendemain arriva la dépêche du quartier-général. L'empereur, vainqueur à Eylau, accordait la grâce demandée.

Capitaine A. LELORRAIN.

JEAN DACIER, CHEF DE BATAILLON

A mis en liberté un prisonnier vendéen que la loi militaire lui ordonnait de faire fusiller. — Il vient de passer devant le conseil de guerre — Son vieil ami, le sergent Baudru, cause avec lui en attendant le jugement.

BAUDRU.

Ils t'acquitteront.

JEAN.

Non.

BAUDRU.

     C'est une chose sûre.
Ils te connaissent mieux que toi-même, parbleu !
Et ne vont pas te croire un traître pour si peu.
Crois-tu qu'on oubliera, parce que tu l'oublies,
Tout ton passé : Valmy, Jemmapes, Wattignies,
Vingt combats, où l'un d'eux sans toi serait resté ?

JEAN.

Ils me condamneront, car je l'ai mérité ;
Ils me condamneront, car je suis un coupable.
La loi militaire est et doit être implacable.
Que viens-tu me parler de gloire et d'amitié ?
Si mon crime aujourd'hui n'était pas châtié,
De quel droit le conseil serait-il plus sévère
Pour le soldat faisant ce qu'un chef vient de faire ?
Faudra-t-il que la peine ait deux poids différents :
Un lourd, pour les petits ; un léger pour les grands ;
Ou que l'indiscipline, au nom de la clémence,
Fasse de notre armée une déroute immense ?
Qu'importe l'homme ? c'est un exemple qu'il faut.
Le meilleur est celui qui frappe le plus haut.

BAUDRU.

Le meilleur est celui qu'en un jour de bataille
Tu nous donnas à tous, en narguant la mitraille.
Tes juges, aussi bien, peuvent te condamner...
Ceux qui voudront ta mort devront te la donner,
A moins que, pour offrir un exemple suprême,
Tu ne veuilles, demain, te fusiller toi-même.
Pour nous, je t'en réponds, pour nous, qui savons tous
Combien tu fus humain, brave, terrible et doux,
Et combien aisément, après les jours de flamme,
Cette âme de lion se change en cœur de femme,
Avant de se tourner vers toi pour te viser,
Nous verrons nos fusils d'eux-mêmes se briser.

JEAN.

Tais-toi ! ne sens-tu pas que ces mots dans ta bouche
Sont un arrêt de mort inflexible et farouche ?

Jusqu'ici, j'ai douté; je pouvais, en effet,
Douter encor du mal immense que j'ai fait.
Ce n'était, après tout, qu'une faute vulgaire
D'avoir laissé s'enfuir un prisonnier de guerre
D'avoir voulu soustraire un coupable à la loi...
D'autres l'ont fait, le font, le feront après moi.
Mais que vous, mes amis, toi, la vertu solide,
Que la raison soutient et que le devoir guide,
Vous soyez ébranlés par l'exemple fatal
Jusqu'à vouloir déjà me suivre dans le mal;
C'est trop me faire voir la moisson qu'on récolte
Quand au cœur du soldat l'on sème la révolte.
Oh! ne me suivez pas dans ce sentier maudit!
Laissez-y mourir seul celui qui s'y perdit,
Trop heureux si je puis, en subissant ma peine,
Rompre l'attrait fatal qui déjà vous entraîne,
Si je vois l'emporter à mon dernier moment,
Sur l'exemple du mal celui du châtiment!

Charles Lomon.

Jean Davier, drame en 5 actes. P. Ollendorf, édit., 28, rue Richelieu.

LE COMMANDANT DE SIGOYER

ET L'INCENDIE DU LOUVRE EN 1871

Le 26ᵉ bataillon de chasseurs à pied entra en ligne.
Il était commandé par le marquis Bernardy de Sigoyer, homme de guerre d'une haute valeur dont
il convient de faire connaître les états de service, ne
serait-ce que pour prouver aux détracteurs systéma-

tiques de notre organisation sociale, que l'on sait y faire bonne place à ceux qui la méritent. Il était de famille militaire, mais on le destina à la robe et on l'envoya faire son droit à Toulouse ; il n'y tint pas, le sang des ancêtres lui battait au cœur, et, dès que sa vingtième année eut sonné, il jeta le code aux orties pour s'engager, le 25 juillet 1845, dans un régiment de zouaves. Dès ce jour, il est toujours où l'on combat. Sous-lieutenant en 1851, lieutenant en 1854, il ne quitte l'Afrique que pour aller en Crimée ; il est capitaine en Italie ; le 15 juillet 1870, il est nommé chef de bataillon au 44ᵉ régiment d'infanterie, et, comme l'on sait que l'on peut compter sur lui, il est envoyé à Thionville en qualité de commandant en second. Il y fut admirable d'intrépidité ; ses sorties sont restées légendaires. Un coup de feu reçu le 27 septembre dans la hanche droite ne l'arrêta guère, et il continuait à harceler l'ennemi lorsque, le 22 novembre, un éclat d'obus lui brisa le péroné de la jambe droite. Thionville, malgré sa vaillance, n'était point en état de résister aux forces qui l'accablaient : elle capitula. Le commandant de Sigoyer, blessé, la jambe entourée d'un appareil, fut laissé à l'ambulance installée dans un ancien pensionnat dont le mur de clôture plongeait dans la Moselle. M. de Sigoyer avait près de lui un soldat légèrement blessé qui lui servait d'ordonnance. Celui-ci, d'après les ordres de son commandant, vérifia le mur de clôture et y découvrit une brèche assez large pour donner passage à un homme. On se procura des cordes, et, profitant d'une nuit sombre, on se laissa glisser jusqu'aux bords de la rivière. On découvrit une barque prussienne, on y monta, on coupa les amarres, et, par un froid glacial, on s'en alla au fil de l'eau. M. de Sigoyer souffrait considérablement, car il n'est pas facile de traîner une jambe brisée à travers de pareilles expéditions.

Les fugitifs se laissèrent dériver sur la Moselle pendant huit kilomètres, et eurent la chance vraiment providentielle d'être recueillis par un ancien officier français, qui les soigna et leur facilita les moyens de gagner le Luxembourg. Sigoyer traversa rapidement la Belgique et vint se mettre à la disposition de la délégation de Tours, qui l'envoya former à Saint-Omer un nouveau bataillon de chasseurs à pied. Dès que l'état de sa blessure lui permit de monter à cheval, il rejoignit l'armée de Faidherbe et s'y comporta selon son habitude, c'est-à-dire héroïquement.

L'armistice le désespéra; il écrivait à un de ses parents : « Vous êtes heureux, vous autres, de pouvoir rire encore; moi, je ne rirai plus jamais, jamais! » Le 26ᵉ bataillon, qu'il commandait depuis le 23 décembre 1870, fut attiré à Versailles et prit part à tous les combats sous Paris. Bernardy de Sigoyer était un admirable type de soldat : sa forte tête, ses cheveux ras, son ferme regard, ses maxillaires inférieurs légèrement saillants, comme ceux de tous les hommes d'énergie, ses larges épaules, sa taille moyenne mais solide, rappelaient un peu la figure du maréchal Ney. Il devait avoir la décision prompte et l'action redoutable; très-bon en outre et très-paternel pour ses soldats, il leur donnait toujours l'exemple et leur rappelait souvent que, lui aussi, il avait porté le sac au temps de sa jeunesse. On peut croire qu'un tel homme, blessé en Afrique, blessé en Crimée, blessé en Italie, deux fois blessé à Thionville, toujours sacrifié au devoir et amoureux de la France, avait vu avec horreur la Commune étaler ses hontes devant les Allemands victorieux...

Le 24 mai 1871, à quatre heures du matin, « le bataillon reçoit l'ordre de se porter dans le jardin des Tuileries, ensuivant la terrasse du bord de l'eau, et de se maintenir dans cette position jusqu'à ce qu'un ordre nouveau lui trace l'itinéraire à suivre. » Un quart d'heure après, le bataillon était en marche. Le mouvement fut si rapidement mené, que de petits postes communards restés en observation près des Tuileries furent enlevés. Le bataillon prit position derrière la barricade qui fermait le quai près du pont de la Concorde, sur la terrasse du pont tournant et sur la terrasse du bord de l'eau. Là il attendit les ordres qu'il devait recevoir.

On était immobilisé en présence des incendies dont on était enveloppé de toutes parts ; on était fort impatient et l'on piétinait sur place. Le capitaine Lacombe n'y tint pas, et, au risque de sa vie, il s'en alla, tout seul, faire une reconnaissance sur les quais. Il constate que le feu des Tuileries s'étend de proche en proche par les combles de l'aile où la nouvelle salle des États est appuyée, que le musée du Louvre est menacé et que, si on veut le sauver, il faut agir résolûment, sans perdre une minute.

Le capitaine Lacombe revint faire son rapport verbal au commandant de Sigoyer. Celui-ci était fort perplexe. L'ordre qu'il avait reçu était positif et ne pouvait être interprété que d'une seule façon : rester sur les terrasses jusqu'à ce que d'autres instructions indiquent sur quel point il faut se porter. Soit ; mais, pendant que l'on attendrait les ordres, les musées pouvaient brûler.

Le marquis de Sigoyer n'hésita pas ; il résolut de n'obéir qu'à sa propre initiative et prit immédiatement ses dispositions pour s'emparer du Louvre.

La place n'était pas bonne; du haut d'une barricade placée près du Pont-Neuf, les fédérés balayaient les quais; on passa néanmoins, en rasant les murailles, homme à homme, au pas de course, lestement derrière Bernardy de Sigoyer qui ne se ménageait pas. Par le guichet des Lions, on se jeta dans le Carrousel. Le commandant de Sigoyer était devant le Louvre clos et encore intact; il ne s'agissait plus maintenant de combattre des révoltés, il fallait combattre l'incendie, sans armes appropriées, et le vaincre; ce n'était point tâche facile.

On fouilla les caves, l'agence des travaux, les chantiers où des ouvriers avaient abandonné leurs outils; tout ce qui put servir, haches, pioches, marteaux fut saisi avec empressement, et la première compagnie, ayant en tête son capitaine, M. Lacombe, se jeta vaillamment au péril; on s'élança dans les escaliers; on grimpa jusque sur les toits, et entre la salle des États et le pavillon la Trémoille, on essaya de pratiquer une coupure. Le cœur ne manquait à personne, mais l'endroit n'était pas tenable; l'intensité de la chaleur, sinon les flammes, repoussait les travailleurs.

Pendant que la première compagnie s'efforçait d'isoler le Louvre, les cinq autres compagnies du bataillon, gardées par leurs vedettes, avaient déposé leurs fusils, et, sous la direction de leurs officiers, faisaient la chaîne depuis les prises d'eau jusque sur les toits, à l'aide de seaux, de cruches, de bouteilles même, de tout récipient que l'on avait pu se procurer. Le feu semblait reculer; encore une heure peut-être, et l'on en serait maître. Le commandant de Sigoyer encourageait ses hommes, mettait la main à la besogne et disait : « Allons, mes enfants, nous sauvons le plus riche trésor d'art qui existe au monde. »

Il commençait à être satisfait de son œuvre et croyait bien avoir victoire gagnée, lorsqu'un officier d'état-major vint lui apporter l'ordre de rejoindre immédiatement la division. Il fut atterré; obéir? le Louvre peut être perdu.

Pour la seconde fois depuis le matin, lui le soldat soumis, qui avait toujours donné le grand exemple de l'obéissance passive, il se résolut à demander un sursis et le droit d'achever le glorieux sauvetage qu'il avait entrepris. Les travaux ne furent point interrompus, et ils marchèrent si rapidement, si au gré de tous les souhaits, que le commandant de Sigoyer put détacher trente hommes de son bataillon pour les envoyer au pavillon Richelieu, où la bibliothèque embrasée était aussi une menace pour le Louvre. A deux heures, le feu qui s'avançait vers le Louvre était maîtrisé; à cinq heures il était sans péril.

Maxime Du Camp.

(Les Tuileries et le Louvre pendant la Commune.)

LE COMMANDANT VERNAY

Le commandant Vernay est, pour la plupart des gens, militaires et civils, un commandant comme un autre. Il a fait son devoir toute sa vie en soldat simple et loyal, la nuit aussi bien que le jour, tout seul comme sous les yeux de ses chefs, sans dire jamais une parole superflue, sans imposer à ses soldats un effort inutile, aussi incapable de donner un coup de sabre en vain que d'en donner un de trop.

Toujours en paix avec lui-même, sérieux, calme, d'une politesse digne, mais bienveillante, il a horreur des sollicitations et des plus simples démarches qui y ressemblent. Les habiles le disent timide. Le fait est qu'il a obtenu ses grades tout doucement, à l'ancienneté, sauf son épaulette de commandant, gagnée en 1870 seulement, après vingt-trois ans de services distingués, les campagnes de Crimée et d'Italie, onze années passées en Afrique et cinq blessures. Il faut dire qu'il a la croix d'officier; mais, s'il a obtenu cet honneur, c'est qu'après son évasion de Sedan, la voix unanime du régiment de marche qu'il commandait à Coulmiers, l'en a proclamé digne sur le champ de bataille.

Vous le voyez, ce n'est pas un de ces hommes qui attirent l'attention. Sa vie, d'ailleurs, est modeste et grave comme celle d'un prêtre, et les généraux, un peu gênés devant lui, sont disposés à lui accorder plus d'estime et même de respect que de sympathie. En revanche, les simples soldats l'aiment comme un père. Il se montre, en effet, pour eux un père véritable, peu communicatif, mais prévoyant, soucieux de leur santé et de leur moral, indulgent quand l'indulgence est possible, d'une sévérité calculée et inflexible quand les dispositions particulières de l'homme ou les besoins du service l'exigent. Quoiqu'il ait passé peu de temps dans les rangs, il y a appris à connaître les misères et les entraînements du métier; il sait quels sont les écarts qu'on peut pardonner, et ne craint pas de tendre la main à l'homme qu'il vient de punir s'il espère le ramener dans le droit chemin.

Je ne sais s'il a jamais pensé au mariage, mais il y a certainement renoncé. « J'ai pris, dit-il, mes habitudes de vieux garçon égoïste et rangé, et je n'en changerai plus. » Pour moi, je croirais volontiers que né, pour ainsi dire, au régiment, où son père était capitaine, et où il a débuté comme enfant de troupe, il a fini par en faire sa famille et n'en souhaite plus d'autre. S'il traite les soldats comme ses enfants, sa conduite envers les officiers est empreinte d'une générosité, d'une amitié toutes fraternelles. Jamais il ne se refuse à tirer d'embarras un jeune camarade qui s'adresse à lui : il met alors tant de délicatesse à obliger, il témoigne tant de discrétion à son débiteur que, chose bien rare, tous ses anciens débiteurs sont restés ses amis.

Ce n'est pas pourtant qu'il soit riche : il n'a que ses appointements pour toute fortune. Mais, grâce au soin qu'il en prend, ses uniformes lui durent plus longtemps qu'à personne, et comme il ne se permet aucune dépense extraordinaire, il en est arrivé, d'économie en économie, à avoir toujours devant les mains au moins une année de solde. Sa tenue militaire est sévère et soignée ; sa tenue bourgeoise, celle d'un homme de bonne compagnie. Il fait aussi bien que personne, comme dépense et comme relations, ce qu'il doit à son rang d'officier supérieur.

On m'a affirmé que jamais un dimanche il n'a manqué à la messe de six heures. Je n'en sais rien. En tout cas, il est muet sur les questions de politique et de religion. Si, dans une discussion, quelqu'un vient à l'interpeller, si quelque jeune officier, d'un zèle un peu trop démonstratif, poussé à bout par les railleries de ses camarades, cherche à s'appuyer sur lui, il se dérobe poliment et passe à un autre sujet.

Retiré chez lui, il lit beaucoup. Souvent je l'ai entendu questionner discrètement les officiers instruits, pour compléter sa propre instruction à l'aide de leurs connaissances spéciales. Jamais, soyez-en sûr, le digne commandant ne fera rien imprimer, et pourtant il a deux ou trois gros cahiers, écrits de sa main, lentement, avec réflexion, pour éclaircir et fixer ses idées sur les questions militaires. Mais rien de tout cela, naturellement, ne met un homme en vue. Loin de là, plus d'un officier, surtout en dehors du régiment, s'égaye aux dépens du père Vernay.

« C'est vraiment le commandant Placide ! » disait le gros lieutenant Renard, l'officier d'ordonnance du général X…, et la plus belle fourchette de la division. Il ne faut pas trop se fier pourtant à cette placidité ; le lieutenant Renard en a fait lui-même, ces jours derniers, la fâcheuse expérience. Dans une réunion militaire, il cherchait à faire rire un groupe de jeunes officiers riches et titrés : « Ça, un commandant ! disait-il, un chef de bureau, peut-être ; un parfait notaire, encore ! même un excellent proviseur de collège… mais un commandant de chasseurs, le père Vernay ! » et il éclata de rire. Comme ses auditeurs restaient froids : « Voyons, messieurs, reprit-il, un homme pareil a-t-il la tournure d'un chef d'escadrons ? est-il taillé de façon à entraîner une charge ou…
— Ou à accepter à table le rôle de plastron pour payer l'écot de ses dîners ? » dit tranquillement le commandant Vernay, qui, dans un groupe voisin, avait tout entendu. Un sourire passa sur toutes les figures, et le mot courut la division entière, où le gros Renard est bien connu.

Si le commandant Vernay n'a pas l'heur de plaire au lieutenant Renard, et si généralement il passe pour un brave homme dont on ne dit rien, je connais pourtant quelques officiers supérieurs, parmi ceux dont le regard pénètre au fond des hommes, qui ne sont pas sur lui de l'avis de tout le monde.

« Ecoutez avec respect le commandant Vernay et prenez-le pour modèle : c'est le type de l'homme de commandement ! » disait récemment le colonel F..., le chef d'état-major du corps d'armée, à un jeune officier qui entrait au régiment.

Je ne serais même pas étonné de voir encore M. Vernay appelé à commander un régiment. On m'a rapporté que le général Th..., son compatriote, disait de lui, il y a quelques mois : « Vernay ! c'est un caractère ! inaccessible aux influences personnelles, inébranlable dans le devoir, intrépide, laborieux, réfléchi, portant au plus haut point le respect de l'armée et la fierté du soldat. Voilà comme il nous faut des colonels ! »

Capitaine A. LELORRAIN.

LES PUNITIONS DU GÉNÉRAL H.

Le général de division H... avait sous ses ordres un jeune officier intelligent, énergique et laborieux, dont il faisait le plus grand cas. Capitaine du génie à vingt-sept ans, déjà recommandé par des travaux remarquables et par une action d'éclat, militaire dans l'âme et passionné pour le métier, ce jeune homme semblait sûr d'arriver de bonne heure à l'état-major général.

Un jour le général le chargea d'une opération importante. « Je compte sur vous, dit-il, vous ne quitterez pas vos hommes de toute la nuit. Si je n'étais pas sûr de vous, j'irais moi-même. »

Le lendemain, longtemps avant le jour, le général se rendit au chantier; on n'y avait pas vu le capitaine. Les officiers commandés de service s'étaient portés sur le terrain à l'heure indiquée, avec leurs travailleurs, et attendaient des ordres.

Rentré chez lui, le général trouva le capitaine, qui accourait désespéré. Il s'était laissé entraîner, et un moment de passion lui avait fait tout oublier.

Le général le réprimanda en quelques mots brefs, lui infligea une punition sévère, et dit en finissant : « Vous avez perdu ma confiance.

— Général, répondit le capitaine, je sens combien vous avez raison. Si vous le désirez, je donnerai ma démission.

— Qui vous parle de votre démission, monsieur? répondit le général, toujours sec et bref. Faites votre punition; vous tâcherez ensuite de regagner ma confiance. »

Capitaine A. LELORRAIN.

NEUVIÈME SÉRIE

VISITE D'UN JEUNE SOLDAT A SA FAMILLE

AU MOMENT DE L'INVASION

Vers midi, comme un beau rayon de soleil d'hiver blanchissait la neige et faisait fondre le givre des vitres, et que le grand coq rouge, sortant la tête du poulailler, lançait son cri de triomphe en battant de l'aile, tout à coup le chien de garde, le vieux Yohan, tout édenté et presque aveugle, se mit à pousser des aboiements si joyeux et si plaintifs à la fois, que tout le monde prêta l'oreille.

Catherine Lefèvre s'arrêta. « Quelque chose se passe, » dit-elle à voix basse. Puis elle ajouta tout émue: « Depuis le départ de mon garçon, Yohan n'a pas aboyé comme ça. »

Dans le même instant des pas rapides traversaient la cour; Louise s'élançant vers la porte, criait: « C'est lui! c'est lui ! » Et presque aussitôt une main cherchait la clenche en frémissant ; la porte s'ouvrait et un soldat paraissait sur le seuil, — mais un soldat si sec, si pâle, si décharné, sa vieille capote grise à boutons d'étain si râpée, ses hautes guêtres de toile si déchirées, que tous les assistants en furent saisis.

Il ne semblait pouvoir faire un pas de plus, et posa lentement la crosse de son fusil à terre. Le bout de son nez d'aigle luisait comme du bronze, ses moustaches rousses tremblaient; on eût dit un de ces grands éperviers maigres, que la famine pousse en hiver jusqu'à la porte des étables. Il regardait dans la cuisine, tout pâle sous les couches brunes de ses joues, et ses grands yeux creux remplis de larmes, sans pouvoir avancer ni dire un mot.

Dehors le vieux chien bondissait, pleurait, secouait sa chaîne; à l'intérieur, on entendait le feu pétiller, tant le silence était grand; mais bientôt Catherine Lefèvre, d'une voix déchirante, s'écria:

« Gaspard!... mon enfant!... c'est toi!

— Oui, ma mère! » répondit le soldat tout bas, comme suffoqué.

Et, dans la même seconde, Louise se prit à sangloter, tandis que dans la grande salle s'élevait comme un bruit de tonnerre.

Tous les amis accouraient, maître Jean-Claude en tête, criant: « Gaspard! Gaspard Lefèvre!... »

En arrivant, ils virent Gaspard et sa mère qui s'embrassaient: cette femme si forte, si courageuse pleurait à chaudes larmes; lui ne pleurait pas, il la tenait serrée sur sa poitrine, ses moustaches rousses dans ses cheveux gris, et murmurait:

« Ma mère!... ma mère!... ah! que j'ai souvent pensé à vous! »

Puis d'une voix plus haute: « Louise! dit-il, j'ai vu Louise! »

Et Louise se précipitait dans ses bras: leurs baisers se confondaient.

« Ah ! tu ne m’as pas reconnu, Louise !

— Oh ! que si... oh ! que si.... je t’ai reconnu rien qu’à ta marche. »

Le vieux Duchêne, son bonnet de coton à la main, près du feu, bégayait :

« Seigneur Dieu... est-ce possible ?... mon pauvre enfant... comme le voilà fait ! »

Le vieux domestique avait élevé Gaspard et se le représentait toujours, depuis son départ, frais et joufflu, dans un bel uniforme à parements rouges. Cela dérangeait toutes ses idées de le voir autrement.

En ce moment, Jean-Claude Hullin, élevant la voix, dit :

« Et nous autres, Gaspard, nous tous, tes vieux amis, tu veux donc nous laisser en friche ? »

Alors le brave garçon se retourna et ne fit qu’un cri d’enthousiasme :

« Hullin ! le docteur Lorquin ! Materne ! Frantz ! Tous, tous, ils sont tous là ! »

Et les embrassades recommencèrent, mais cette fois plus joyeuses, avec des éclats de rire et des poignées de main qui n’en finissaient plus.

« Ah ! docteur, c’est vous ! — Ah ! mon vieux papa Jean-Claude ! »

On se regardait dans le blanc des yeux, la figure épanouie ; on s’entrainait bras dessus, bras dessous dans la salle, et la mère Catherine avec le sac, Louise avec le fusil, Duchêne avec le grand shako, suivaient riant, s’essuyant les yeux et les joues ; on n’avait jamais rien vu de pareil.

« Asseyons-nous... buvons ! s’écriait le docteur Lorquin : voici le bouquet de la fête.

Ah ! mon pauvre Gaspard, que je suis donc content de te revoir sain et sauf, disait Hullin. Hé ! hé !

sans te flatter, je t'aime mieux comme ça qu'avec tes grosses joues rouges. Tu es un homme maintenant, morbleu ! Tu me rappelles les vieux de notre temps, ceux de la Sambre, de l'Egypte, ah! ah! ah! nous n'avions pas le nez rond, nous n'étions pas luisants de graisse ; nous regardions comme des rats maigres qui voient un fromage, et nous avions les dents longues et blanches.

— Oui, oui, ça ne m'étonne pas, papa Jean-Claude, répondait Gaspard. Asseyons-nous, asseyons-nous; on cause plus à l'aise. Ah ça! pourquoi donc êtes-vous tous à la ferme?

— Comment, tu ne sais pas? Tout le pays est en l'air, de la Houpe à Saint-Sauveur, pour se défendre.

— Oui, l'anabaptiste de la Painbach m'a dit deux mots de cela, comme je passais; c'est donc vrai?

— Si c'est vrai! Tout le monde s'en mêle.

— A la bonne heure, à la bonne heure, mille tonnerres ! Que ces gueux de *Kaiserliks* ne nous mangent pas la laine sur le dos dans notre pays; ça me fait plaisir. Mais passez-moi donc le couteau. C'est égal, on est heureux de se retrouver chez soi. Hé ! Louise, viens donc un peu t'asseoir ici. Tenez, papa Jean-Claude, avec cette petite-là d'un côté, le jambon de l'autre, la cruche en avant sur la ligne, il ne me faudrait pas quinze jours pour me *remplumer;* les camarades ne me reconnaîtraient plus à la compagnie. »

Tout le monde s'était assis et s'émerveillait de voir le brave garçon tailler, déchiqueter, lever le coude, puis regarder Louise et sa mère les yeux attendris, et de l'entendre répondre aux uns et aux autres sans perdre un coup de dent.

Les gens de la ferme, rangés en demi-cercle, regardaient Gaspard d'un air d'extase; Louise remplissait son verre, la mère Lefèvre, assise près du fourneau, visitait son sac, et, n'y trouvant que deux vieilles chemises toutes noires, avec des trous gros comme le poing, des souliers éculés, de la cire à giberne, un peigne à trois dents et une bouteille vide, elle levait les mains au ciel et se dépêchait d'ouvrir l'armoire au linge en murmurant :

« Seigneur ! faut-il s'étonner si tant de monde périt de misère ! »

Le docteur Lorquin, en présence d'un si vigoureux appétit, se frottait les mains tout joyeux et murmurait dans sa grosse barbe :

« Quel gaillard ! quel estomac ! quel râtelier ! Il croquerait des cailloux comme des noisettes ! »

Et le vieux Materne lui-même disait à ses garçons :

« Dans le temps, après deux ou trois jours de chasse dans la haute montagne, en hiver, il m'arrivait aussi d'avoir une faim de loup et de manger un cuissot de chevreuil sur le pouce ; maintenant je me fais vieux, une ou deux livres de viande me suffisent. Ce que c'est pourtant que l'âge ! »

Hullin avait allumé sa pipe et paraissait tout rêveur ; évidemment quelque chose le tracassait. Au bout de quelques minutes, voyant l'appétit de Gaspard se ralentir, il s'écria brusquement :

« Dis donc, Gaspard, sans t'interrompre, comment diable se fait-il que tu sois ici ? Nous te croyions encore sur le bord du Rhin, du côté de Strasbourg.

— Ah ! ah ! l'ancien, je comprends, dit le fils Lefèvre en clignant de l'œil : il y a tant de déserteurs, n'est-ce pas ?

— Oh ! une idée pareille ne me viendra jamais, et cependant...

— Vous ne seriez pas fâché de savoir si nous som-

mes **en règle**! Je ne puis vous donner **tort**, papa Jean-
Claude, vous êtes dans votre droit; celui qui manque
à l'appel quand les Kaiserlicks sont en France mérite
d'être fusillé! Soyez tranquille, voilà ma permission. »

Hullin, qui n'avait pas de fausse délicatesse, lut :

« Permission de vingt-quatre heures au grenadier
Gaspard Lefèvre, de la 2ᵉ du 1ᵉʳ.

» Aujourd'hui, 3 janvier 1814.

» GÉMEAU, chef de bataillon. »

« Bon, bon, fit-il, serre ça dans ton sac : tu pourrais la perdre. »

Toute sa bonne humeur était revenue.

« Voyez-vous, mes enfants, dit-il, je connais l'a-
mour... c'est très-beau et c'est très-mauvais; mais
c'est mauvais particulièrement pour les jeunes soldats
qui s'approchent trop de leur village après une campagne. Ils sont capables de s'oublier jusqu'à revenir
avec deux ou trois gendarmes à leurs trousses. J'ai vu
ça. Enfin, puisque tout est en ordre, buvons un verre
de *rikevir*. Qu'en pensez-vous, Catherine? Ceux de la
Sarre peuvent arriver d'une minute à l'autre, et nous
n'avons pas un instant à perdre.

— Vous avez raison, Jean-Claude, répondit la vieille
fermière fort triste. Annette, descends à la cave, apporte trois bouteilles du petit cellier. »

La servante sortit en courant.

« Mais cette permission, Gaspard, reprit Catherine,
depuis combien de temps dure-t-elle?

— Je l'ai reçue hier à huit heures du soir, à Vasse-
lonne, ma mère. Le régiment est en retraite sur la
Lorraine; je dois le rejoindre ce soir à Phalsbourg.

« — C'est bien ; tu as encore sept heures devant toi ; il ne t'en faudra pas plus de six pour arriver, quoiqu'il y ait beaucoup de neige au Fòxthal. »

La brave femme vint se rasseoir près de son fils, le cœur gros ; elle ne pouvait cacher son trouble. Tout le monde était ému. Louise, le bras sur la vieille épaulette râpée de Gaspard, sanglotait. Hullin vidait les cendres de sa pipe au bout de la table, les sourcils froncés, sans rien dire ; mais quand les bouteilles arrivèrent et qu'on les eut débouchées :

« Allons, Louise, s'écria-t-il, du courage, morbleu ! Tout cela ne peut durer longtemps ; il faut que ça finisse d'une manière ou d'une autre, et je dis, moi, que ça finira bien. Gaspard reviendra et nous ferons la noce. »

Il remplissait les verres, et Catherine s'essuyait les yeux en murmurant :

« Et dire que tous ces brigands sont cause de ce qui nous arrive. Ah ! qu'ils viennent, qu'il viennent par ici ! »

On but d'un air mélancolique ; mais le vieux *rikevir*, entrant dans l'âme de ces braves gens, ne tarda point à les ranimer. Gaspard, plus ferme qu'il ne l'avait paru d'abord, se mit à raconter les terribles affaires de Bautzen, de Lutzen, de Leipzig et de Hanau, où les conscrits s'étaient battus comme des anciens, remportant victoire sur victoire, jusqu'à ce que les traîtres se missent de la partie.

Tout le monde l'écoutait en silence. Louise, dans les moments de grand danger, au passage des rivières, sous le feu de l'ennemi, à l'enlèvement d'une batterie à la baïonnette, — lui serrait le bras comme pour le défendre. Les yeux de Jean-Claude étincelaient ; le docteur demandait chaque fois la position de l'ambulance; Materne et ses garçons allongeaient le cou, leurs grosses mâchoires rousses serrées; et, le vin vieux aidant, l'enthousiasme grandissait de minute en minute : « Ah! les gueux! ah! les brigands! Gare, gare, tout n'est pas fini! »

La mère Lefèvre admirait le courage et le bonheur de son fils au milieu de ces événements, dont les siècles des siècles garderont le souvenir.

Mais quand Lagarmitte, grave et solennel dans sa longue jaquette de toile grise, son large feutre noir sur les boucles blanches de ses cheveux, et sa longue trompe d'écorce sur l'épaule, traversa la cuisine et parut à l'entrée de la salle, disant : « Ceux de la Sarre arrivent! » Alors toute cette exaltation disparut, et l'on se leva, songeant à la lutte terrible qui bientôt allait s'engager dans la montagne.

Louise, jetant ses bras au cou de Gaspard, s'écria :

« Gaspard, ne t'en va pas !... Reste avec nous! »

Il devint tout pâle.

« Je suis soldat, dit-il; je m'appelle Gaspard Lefèvre; je t'aime mille fois plus que ma propre vie; mais un Lefèvre ne connaît que son devoir. »

Et il dénoua ses bras. Louise, alors, s'affaissant sur la table, se mit à gémir tout haut. Gaspard se leva. Hullin se posa entre eux, et lui serrant les mains avec force, les joues frémissantes :

« A la bonne heure! s'écria-t-il, tu viens de parler comme un homme! »

Sa mère s'avança d'un air calme, pour lui boucler le sac sur les épaules. Elle fit cela, les sourcils froncés, les lèvres serrées sous son grand nez crochu, sans pousser un soupir; mais deux grosses larmes suivaient lentement les rides de ses joues. Et quand elle eut fini, se détournant, la manche sur les yeux, elle dit :

« C'est bien... va... va... mon enfant, ta mère te bénit. Si la guerre te prend, tu ne seras pas mort... tiens, Gaspard, voici ta place, là, entre Louise et moi : tu y seras toujours ! Cette pauvre enfant n'est pas encore assez vieille pour savoir que vivre c'est souffrir !... »

Tout le monde sortit ; Louise seule resta dans la salle, à se lamenter. Quelques instants après, comme la crosse du fusil retentissait sur les dalles de la cuisine, et que la porte extérieure s'ouvrait, elle jeta un cri déchirant, et se précipitant dehors :

« Gaspard ! Gaspard ! dit-elle, regarde, j'ai du courage, je ne pleure pas ; je ne veux pas te retenir, non, mais ne me quitte pas fâché : aie pitié de moi !

— Fâché ! fâché contre toi, ma bonne Louise. Oh ! non, non, fit-il. Mais de te voir si malheureuse, ça me crève le cœur... Ah ! si tu avais un peu de courage ...maintenant je serais heureux !

— Eh bien, j'en ai, embrassons-nous ! Regarde, je ne suis plus la même ; je veux être comme maman Lefèvre ! »

Ils se donnèrent les embrassades d'adieu avec calme. Hullin tenait le fusil ; Catherine agita la main comme pour dire : « Va ! va ! c'est assez ! »

Et lui, saisissant tout à coup son arme, s'éloigna d'un pas ferme et sans tourner la tête.

ERKMANN-CHATRIAN.

(*L'Invasion.*) Hetzel, éditeur.

UNE ARMÉE AU BIVAC

Ce fut au milieu des champs qu'on établit le bivac. Les feux allumés, les chevaux mis au piquet, on soupa de grand cœur avec les provisions que chacun avait apportées. Pour des conscrits, c'était une fête que ce premier repas en plein air; la guerre ne leur avait pas encore donné le regret du bien-être et l'amour du foyer.

Quand le souper fut achevé, et il ne dura guère, les soldats, au lieu de rire et de crier, s'assirent en silence sur leurs manteaux pour écouter les ministres. Notre état-major forma le cercle; le pasteur s'avança au milieu de nous, et ouvrant la Bible, il lut d'une voix inspirée l'hymne que chanta David quand Dieu l'eut délivré de la main de ses ennemis.

« Le Seigneur est ma forteresse ; il est ma force, il est mon sauveur.

» Mon Dieu est mon soutien ; j'espère en lui ; il est mon bouclier, il est mon salut.

» C'est lui qui m'a élevé en honneur, c'est lui qui est mon refuge. Mon sauveur, vous me délivrerez de la main des méchants.

»... Y a-t-il un autre Dieu que notre Seigneur? y a-t-il un autre fort que notre Dieu?

»... C'est lui qui instruit mes mains à combattre et qui rend mes bras fermes comme un arc d'airain.

» Je poursuivrai mes ennemis, et je les réduirai en poudre; je ne retournerai point que je ne les aie détruits. Je les détruirai et je les briserai sans qu'ils puissent se relever ; ils tomberont sous mes pieds.

»... Ils crieront et nul ne viendra à leur secours ; ils crieront au Seigneur, le Seigneur ne les écoutera pas.

»... Il les dissipera comme la poussière ; je les écraserai, je les foulerai aux pieds, comme la boue.

»... Vive le Seigneur ! et que mon Dieu soit béni ; que le Dieu fort, le Dieu qui sauve soit glorifié ! »

Tandis que le pasteur récitait cette belle poésie, je regardais autour de moi. Tous les officiers écoutaient en priant ; leurs yeux brillaient d'enthousiasme et de foi. Les dernières flammes de nos feux près de s'éteindre illuminaient ces nobles figures, et y jetaient je ne sais quel éclat mystérieux.

ÉDOUARD LABOULAYE.

SERMENT DES JEUNES CITOYENS D'ATHÈNES

AU MOMENT DE LEUR MAJORITÉ

Je ne déshonorerai par les armes sacrées et je ne quitterai pas le compagnon de rang à côté duquel j'aurai été placé.

Seul ou avec d'autres je défendrai les institutions et la religion de la patrie.

Je ne laisserai pas à mes descendants la patrie plus petite que je ne l'ai reçue de mes pères, mais plus forte et plus grande.

J'accepterai toujours les décisions des juges.

J'obéirai aux lois existantes et à toutes celles que le peuple d'accord établirait dans la suite.

Si quelqu'un cherche à détruire les lois ou à y désobéir, je ne le souffrirai pas, et je les défendrais seul ou avec le secours de tous.

J'honorerai les dieux de mes pères.

FIN.

TABLE DES MATIÈRES

CINQUIÈME SÉRIE

SIXIÈME SÉRIE

SEPTIÈME SÉRIE

HUITIÈME SÉRIE

NEUVIÈME SÉRIE

FIN DE LA TABLE DES MATIÈRES.